Descobrir Jogos Online Grátis

Disponível Aqui:

BestActivityBooks.com/FREEGAMES

5 DICAS PARA COMEÇAR

1) CÓMO RESOLVER LAS SOPA DE LETRAS

Os puzzles têm um formato clássico:

- As palavras estão escondidas sem espaços ou hífenes,...
- Orientação: As palavras podem ser escritas para a frente, para trás, para cima, para baixo ou na diagonal (podem ser invertidas).
- As palavras podem sobrepor-se ou intersectar-se.

2) APRENDIZAGEM ACTIVA

Ao lado de cada palavra há um espaço para anotar a tradução. Para encorajar a aprendizagem activa, um **DICIONÁRIO** no final desta edição permitir-lhe-á verificar e expandir os seus conhecimentos. Procure e anote as traduções, encontre-as no puzzle e adicione-as ao seu vocabulário!

3) MARCAR AS PALAVRAS

Pode inventar o seu próprio sistema de marcação - talvez já use um? Pode também, por exemplo, marcar palavras difíceis de encontrar com uma cruz, palavras favoritas com uma estrela, palavras novas com um triângulo, palavras raras com um diamante, e assim por diante.

4) ESTRUTURANDO A APRENDIZAGEM

Esta edição oferece um **CADERNO DE NOTAS** prático no final do livro. Nas férias, em viagem ou em casa, pode facilmente organizar os seus novos conhecimentos sem a necessidade de um segundo caderno!

5) JÁ TERMINOU TODAS AS GRELHAS?

Nas últimas páginas deste livro, na secção **DESAFIO FINAL**, encontrará um jogo gratuito!

Rápido e fácil! Consulte a nossa colecção de livros de actividades para o seu próximo momento de diversão e **aprendizagem**, a apenas um clique de distância!

Encontre o seu próximo desafio em:

BestActivityBooks.com/MeuProximoLivro

Aos vossos lugares, preparem-se...Vão!

Sabia que existem cerca de 7.000 línguas diferentes no mundo? As palavras são preciosas.

Adoramos línguas e temos trabalhado arduamente para criar livros da mais alta qualidade para si. Os nossos ingredientes?

Uma selecção de tópicos adequados à aprendizagem, três boas porções de entretenimento, e depois acrescentamos uma colherada de palavras difíceis e uma pitada de palavras raras. Servimo-los com amor e máximo divertimento, para que possa resolver os melhores jogos de palavras e se divirta a aprender!

A sua opinião é essencial. Pode participar activamente no sucesso deste livro, deixando-nos um comentário. Gostaríamos de saber o que mais lhe agradou nesta edição.

Aqui está um link rápido para a sua página de encomendas:

BestBooksActivity.com/Avaliacoes50

Obrigado pela vossa ajuda e divirtam-se!

A Equipa Inteira

1 - Dirigindo

```
P H Y O A V G E S S T O Y K
Z O V E R P A H I A T P E J
E O L P P M S S G O T A Z Y
R I E I U O O P U B A S U P
P D N Y C V U U R R I N И C
O U U M N I F O N A L O K M
U L T Y E R J C O Ć G S G O
A F I H C O T A S A A T U T
S P N S I G U Ć T J R U C O
P D E G L M A E E A A R E R
A P I Š P B B R Y P Ž N T B
F N F S A I Z S H A A V G O
U L I C I K P E U M E A J K
K O Č N I C E N O I M A K H
```

NESREĆA
KAMION
KOLA
GORIVO
OPREZ
PUT
KOČNICE
GARAŽA
GAS
LICENCU

MAPA
MOTOR
PEŠAK
OPASNOST
POLICIJA
ULICI
SIGURNOST
PREVOZ
SAOBRAĆAJA
TUNEL

2 - Antiguidades

```
P  K  C  E  N  A  S  M  T  E  S  P  A  G
N  R  O  A  R  И  T  K  T  L  K  A  U  A
E  K  E  V  I  E  I  R  K  E  U  L  T  U
O  T  N  D  A  F  L  R  O  G  L  K  E  K
B  S  A  A  M  N  U  F  K  A  P  V  N  C
I  A  M  O  A  E  I  Z  Z  N  T  A  T  I
Č  J  E  H  U  J  T  C  K  T  U  L  I  J
N  I  Š  M  И  S  I  L  E  A  R  I  Č  I
O  Z  T  D  D  S  H  R  C  N  E  T  A  B
R  U  A  T  S  O  N  T  E  M  U  E  N  V
Z  T  J  O  S  T  A  R  I  L  Y  T  I  G
I  N  V  E  S  T  I  C  I  J  A  И  K  L
E  E  V  R  E  D  N  O  S  T  I  G  M  T
P  И  D  E  K  O  R  A  T  I  V  N  E  A
```

UMETNOST
AUTENTIČAN
DEKORATIVNE
ELEGANTAN
ENTUZIJAST
SKULPTURE
STIL
GALERIJA
NEOBIČNO
INVESTICIJA

PREDMET
AUKCIJI
NAMEŠTAJ
KOVANICE
CENA
KVALITET
VEK
VREDNOST
STARI

3 - Atividades

```
F  O  T  O  G  R  A  F  I  J  E  Z  E  B
A  N  L  H  V  A  J  E  F  G  R  A  T  A
O  D  K  T  U  I  C  A  B  G  D  P  Š
P  O  Z  E  Z  A  G  V  G  A  I  O  L  T
I  B  V  H  R  N  A  H  И  S  J  V  A  O
C  O  O  E  J  A  M  H  D  L  K  O  N  V
P  L  L  I  Š  Z  M  S  N  I  L  L  I  A
U  S  I  I  N  T  R  I  B  K  L  J  N  N
И  T  H  A  Y  T  I  S  K  U  L  S  A  S
M  B  I  H  I  M  E  N  D  E  S  T  R  T
R  I  B  O  L  O  V  R  A  V  U  V  E  V
U  M  E  T  N  O  S  T  E  P  C  O  N  O
Č  I  T  A  N  J  E  G  P  S  H  J  J  N
A  K  T  I  V  N  O  S  T  U  E  J  E  B
```

UMETNOST
ZANATA
AKTIVNOST
LOV
PLANINARENJE
KERAMIKE
FOTOGRAFIJE
VEŠTINA
INTERESE

BAŠTOVANSTVO
IGRE
SLOBODNO
ČITANJE
MAGIJA
RIBOLOV
SLIKU
ZADOVOLJSTVO

4 - Churrascos

```
M R U Č A K P L R V O Ć E S
U U U H C G O D O C E S D A
P Y Z J E E Z J Š C M O E L
N O A I D P I Y T L V S K A
F G R Y K O V R I J E B M T
P A E O D A L G L P B I C E
A J Č H D B M A J V J O Z H
P N E A S I V E Ž O N L I S
P K V Z P T C P P N P E G P
A K B K R K N A V D O T R N
A P A R A D A J Z T V O E A
И A P I L E Ć U R V R B N G
F G A O G A K A M K Ć V D T
A G N M A L P C R R E B I B
```

RUČAK	IGRE
POZIV	POVRĆE
DECA	SOS
NOŽEVI	MUZIKA
PORODICA	BIBER
GLAD	VRUĆE
PILE	SO
VOĆE	SALATE
ROŠTILJ	PARADAJZ
VEČERA	LETO

5 - Pesca

```
A P S C M J U M Y U T H O K
P R I A T B A L O P E P K V
G S P K K D J O H L Ž B E I
E B E O Z L R R Y A I P A L
Z Š K R G E C I Ž Ž N E N I
Z L E E A U И S M A A P D C
Z D R Z D V P E R A J A Č E
P I K E O D U M A И O P A K
Y G И J V N A K K U K A M B
M P L L G U M M A M A C A K
S T R P L J E N J A A H C H
A J N A V I R E T E R P K L
K F U U I P R O K F V N M
Z И O R A N O Z E S B G B R
```

VODA
PERAJA
ČAMAC
ŠKRGE
KORPI
KUVAR
OPREMA
PRETERIVANJA
ŽICE
KUKA

MAMAC
JEZERO
VILICE
OKEAN
STRPLJENJA
TEŽINA
PLAŽA
REKE
SEZONA

6 - Geologia

```
Z  K  E  R  O  Z  I  J  E  C  K  S  M  O
O  G  O  S  F  Y  P  B  T  H  A  T  I  S
N  G  K  N  U  C  F  E  V  C  L  A  N  P
I  F  R  И  T  M  N  N  M  G  C  L  E  P
D  C  I  S  E  I  F  I  L  A  I  A  R  L
H  H  S  D  Z  Z  N  L  D  F  J  G  A  A
B  L  T  S  E  A  E  K  I  U  M  L  T
O  J  A  R  L  H  P  S  N  A  M  I  A  O
V  J  L  A  R  O  K  I  A  T  B  T  Y  E
E  U  A  G  P  P  J  K  G  Y  H  A  L  K
H  R  L  S  T  A  L  A  K  T  I  T  C  A
K  S  O  K  F  O  S  I  L  L  A  V  A  M
R  K  F  V  A  K  V  A  R  C  B  И  O  E
S  R  E  J  H  N  K  A  V  E  R  N  A  N
```

KISELINE
SLOJ
KAVERNA
KALCIJUM
KONTINENT
KORAL
KRISTALA
EROZIJE
STALAKTIT
STALAGMITA

FOSIL
LAVA
MINERALA
KAMEN
PLATO
KVARC
SO
VULKAN
ZONI

7 - Ética

```
R A C I O N A L N O S T O R
Z A A R A Z U M N O C F F E
D T O L E R A N C I J E S A
O O L J U B A Z N O S T Č L
P N S M U D R O S T L K O I
T S C T S O N E R K S I V Z
I A Y P O E T P И N A E M
M A J N E J L P R T S N Č A
I A S J C I A J N D A R A S
Z O F L И И V N V A O P N F
A V E J N A Ć E S O A S S A
M R P A M Z I U R T L A T S
F I L O Z O F I J E V F V K
P O Š T O V A N J A F O O A
```

ALTRUIZMA	OPTIMIZAM
LJUBAZNOST	STRPLJENJA
SAOSEĆANJE	RACIONALNOST
SARADNJA	RAZUMNO
DOSTOJANSTVO	REALIZMA
FILOZOFIJE	POŠTOVANJA
ISKRENOST	MUDROST
ČOVEČANSTVO	TOLERANCIJE

8 - Tempo

```
J  E  P  G  И  H  A  G  V  R  N  И  N  J
D  A  G  Y  N  G  S  O  E  J  P  И  E  A
L  P  O  G  A  C  M  D  K  C  L  I  D  V
Z  R  I  Y  Y  O  И  I  Y  R  S  A  E  S
T  E  C  T  S  O  L  Š  O  R  P  A  L  T
N  S  P  P  C  U  K  N  K  S  C  N  J  K
T  A  O  И  P  И  U  J  A  A  A  I  A  A
R  H  N  N  A  D  D  E  G  N  C  D  F  L
E  O  O  V  Ć  И  U  A  P  A  E  O  A  E
N  S  Ć  D  C  U  J  Y  T  D  S  G  H  N
U  A  F  A  C  I  D  J  D  J  E  L  T  D
T  T  Z  N  K  P  T  U  N  I  M  Č  R  A
A  P  O  D  N  E  O  L  B  A  L  H  U  R
K  K  R  B  M  J  U  T  R  O  G  K  H  J
```

SADA	PODNE
GODINA	MESECA
PRE	MINUT
GODIŠNJE	TRENUTAK
KALENDAR	NOĆ
DAN	JUČE
BUDUĆNOST	PROŠLOST
DANAS	NEDELJA
SAT	VEK
JUTRO	

9 - Astronomia

T	P	A	Y	P	G	E	O	M	K	O	K	G	A
M	U	M	И	Y	R	P	Y	Z	E	E	P	D	S
E	J	N	E	Č	A	R	M	O	P	S	U	Y	T
Đ	L	P	P	B	V	M	A	L	U	B	E	N	R
Ž	B	G	R	S	I	Z	E	M	L	J	E	C	O
E	J	I	R	O	T	A	V	R	E	S	P	O	N
V	H	A	T	U	A	N	O	R	T	S	A	K	O
Z	M	P	F	N	C	C	N	J	E	B	V	O	M
A	A	U	M	E	I	E	O	U	N	N	R	S	M
S	P	И	P	B	J	K	R	J	A	D	T	M	E
P	L	Z	D	O	E	N	R	A	L	O	S	O	T
S	U	P	E	R	N	O	V	A	P	U	D	S	E
J	V	K	И	R	A	K	E	T	A	A	R	V	O
R	A	V	N	O	D	N	E	V	N	I	C	A	R

ASTRONAUTA
ASTRONOM
NEBO
SAZVEŽĐE
KOSMOS
POMRAČENJE
RAVNODNEVNICA
RAKETA
GRAVITACIJE

MESEC
METEOR
NEBULA
OPSERVATORIJE
PLANETE
SOLARNE
SUPERNOVA
ZEMLJE

10 - Circo

```
B A L O N I O Z T S M P G P
P Š K L B G O S Z P A P L A
Ž A L L E A U K L E Đ U E R
O T N O O Z M A T K I J D A
N O L И E V O R A T O B A D
G R P R I A N T D A N A L A
L A P D N L N U H K I P A K
E G A K R O B A T U Č B C O
R I M M M P L P A L A O I S
G T H Z S U P S И A R M T T
M A J M U N Z D E R F B R I
P E U J Z A J I G A M O I M
I P B D P K N И K N J N K A
Ž I V O T I N J E A A A M И
```

AKROBAT
ŽIVOTINJE
BALONI
KARTU
PARADA
BOMBONA
SLON
GLEDALAC
SPEKTAKULARAN
LAV

MAJMUN
MAGIJA
ŽONGLER
MAĐIONIČAR
MUZIKA
KLOVN
ŠATOR
TIGAR
KOSTIM
TRIK

11 - Acampamento

```
Š  E  Š  I  R  K  K  I  N  S  E  K  T  P
Ž  G  N  T  Z  C  A  P  O  N  O  K  S  L
T  I  Y  I  D  D  C  N  C  C  J  V  V  A
R  O  V  R  B  Z  R  F  U  P  J  R  S  N
S  E  O  O  V  A  R  U  T  N  A  V  A  I
F  M  L  T  T  R  K  C  G  P  Š  D  P  N
M  A  P  A  M  I  T  O  I  O  U  P  M  E
M  G  Z  Š  C  T  N  Z  O  Ž  M  R  O  N
D  R  V  E  Ć  A  S  J  C  A  A  I  K  H
V  Y  F  A  A  S  A  Y  E  R  M  R  N  G
V  I  S  E  Ć  A  I  C  S  K  E  O  T  M
L  V  Y  V  O  R  E  Z  E  J  R  D  T  R
M  P  K  V  G  A  D  D  M  J  P  A  V  S
A  B  A  И  L  R  F  P  D  E  O  Y  G  A
```

ŽIVOTINJE	ŠUMA
AVANTURA	POŽAR
DRVEĆA	INSEKT
KOMPAS	JEZERO
KABINE	MESEC
LOV	VISEĆA
KANU	MAPA
ŠEŠIR	PLANINE
KONOPAC	PRIRODA
OPREMA	ŠATOR

12 - Ficção Científica

```
B И F A N T A S T I Č A N T
E K S T R E M N E M F K I E
И N E V T S N A J A T K M H
G I R L O V Y A E B Z N A N
G T P U C E O L T R O J G O
A D I L J T U C Š F G I I L
L E K S P L O Z I J E G N O
A B P K U K Y F Č I R E A G
K I I L A G J P O L O I R I
S S N O A A F I R U B F N J
I H И N S N E Z O Z O Z E A
J F T B D K E B R I T R E Y
A P O Ž A R O T P J A P F Y
A T O M S K E P E E V N A U
```

ATOMSKE

BIOSKOP

EKSPLOZIJE

EKSTREMNE

FANTASTIČAN

POŽAR

GALAKSIJA

ILUZIJE

IMAGINARNE

KNJIGE

TAJANSTVEN

SVET

PROROČIŠTE

PLANETE

ROBOTA

TEHNOLOGIJA

13 - Mitologia

```
G E S A A M H E R O I N A P
Č G F M O D A D N E G E L O
G U N T R L G G C M M J S N
R S D S F T L D I F O N T A
M T K O S E N J P Č S U V Š
L V A N V P O I S S N M O A
J A T T O I H E R O J E R N
A R A R T T Š A Z O J V E J
V A S M K E U T I M B H N E
I N T S I H E M E Y S V J P
N J R E N R O S V E T A E K
A E O B T A K U L T U R A L
R S F L A V I R I N T P N A
P Y E A R S N A G E O R U F
```

ARHETIP

PONAŠANJE

STVARANJE

STVORENJE

KULTURA

KATASTROFE

SNAGE

RATNIK

HEROINA

HEROJ

BESMRTNOST

LAVIRINT

LEGENDA

MAGIČNE

ČUDOVIŠTE

SMRTNI

MUNJE

GRMLJAVINA

OSVETA

14 - Medições

```
D A V K C G S N E R V I K V
U R R I S R I U N C A N I O
Ž A T L A A A P E H A Č L L
I T O O H M A T P V R A O U
N A N G A K N M E S A M M M
A P A R A T I L N M M T E E
N D R A K I Ž F L G I F T N
I V U M Z H E N A A N Z A O
R K U B U J T E M D U Y R B
I Y N F I F J H I D T C O I
Š I Z K B N A J C I P J N N
Y A V I M A A N E P E T S U
V I S I N A J I D F S B B D
K R A T E M I T N E C Z B N
```

VISINA
BAJT
CENTIMETAR
DUŽINA
DECIMALNE
GRAM
STEPEN
ŠIRINA
LITAR
MASE

METAR
MINUT
UNCA
TEŽINA
INČA
DUBINA
KILOGRAM
KILOMETAR
TONA
VOLUMEN

15 - Álgebra

```
Z  K  O  L  I  Č  I  N  A  C  R  P  И  R
U  A  T  A  Š  B  E  S  K  R  A  J  N  A
H  C  V  U  E  L  I  N  E  A  R  N  E  P
G  I  T  U  R  E  K  S  P  O  N  E  N  T
P  R  O  M  E  N  L  J  I  V  A  A  O  J
И  T  P  A  Y  D  A  P  И  A  L  U  N  Z
T  A  O  A  J  I  C  K  A  R  F  L  S  J
N  M  R  Y  E  J  N  A  M  I  Z  U  D  O
G  B  D  A  K  A  F  D  U  S  B  M  M  B
L  A  Ž  N  E  G  V  A  V  И  R  R  K  R
Y  B  E  J  S  R  A  R  K  P  O  O  K  U
L  И  R  B  D  A  A  G  P  T  J  F  G  H
D  E  P  N  O  M  E  A  A  R  O  A  A  Z
R  E  Š  E  N  J  E  Z  I  L  M  R  C  F
```

DIJAGRAM	MATRICA
ODSEK	BROJ
EKSPONENT	ZAGRADA
LAŽNE	KOLIČINA
FAKTOR	REŠI
FORMULU	REŠENJE
FRAKCIJA	ODUZIMANJE
BESKRAJNA	PROMENLJIVA
LINEARNE	NULA

16 - Plantas

```
N L V E G E T A C I J E K B
E G A V A R T E V C S J A F
K A V T P G B A Š T A P K A
I M I A I E R B P Y T A T A
N E R O K C M M V M F S U L
A I B J P M A A O K U U S B
T S U B M A B P A K L L T R
O G Đ G J T B C K A F J V Š
B O A R N Z E Ć Š I L I D L
Š И F C T K R D E O P K R J
F U H E R B R C Y S J A V A
P A M H O R I L N P S F O N
H A I A P И M A H O V I N A
C U Y H V N P R F L O R E E
```

GRM	FLORE
DRVO	ŠUMA
BERRI	LIŠĆE
BAMBUS	TRAVA
BOTANIKE	BRŠLJAN
KAKTUS	BAŠTA
HERB	MAHOVINA
PASULJ	LATICA
ĐUBRIVA	KOREN
CVET	VEGETACIJE

17 - Veículos

```
G U M E L O N K S O A P V N
R A K E T A I A G P C J U U
T R A K T O R M V H L B И H
H A U L K I C I B A G A T G
D S K U T E R O A D R P V A
L Z I Y C E D N O I V A Y U
V L P J N R H I T N U E K T
H E L I K O P T E R T K Y O
M O T O R Č C P T A K S I B
O R K N J A T K K Y E A L U
E T B L A M D C O D J G Z S
Y E B O K A P J L T A Š M Y
J M H O N C A F A И R G E S
P O D M O R N I C E T P T A
```

HITNU	SPLAV
AVION	SKUTER
TRAJEKT	METRO
ČAMAC	MOTOR
BICIKL	AUTOBUS
KAMION	GUME
KARAVAN	PODMORNICE
KOLA	TAKSI
RAKETA	ŠATL
HELIKOPTER	TRAKTOR

18 - Engenharia

```
K O N S T R U K C I J A D E
D U B I N A O V I H M L I V
M T R E N J A T B T E S S L
T E Č N O G G P O O R S T D
R V K A A T U O H M E T R P
D D I Z E L A G Y A N A I R
T I P G K И O O И R J B B E
G I M S A Z B N S G E I U Č
O S E E N P L P P A G L C N
M B B A N I Š A M J A N I I
A V C A O Z I J O I N O J K
P R Z Z K C I N Z D S S A S
O B R A Č U N J K F R T I S
O I Y A J I G R E N E И И A
```

TRENJA
UGAO
OBRAČUN
KONSTRUKCIJA
DIJAGRAM
PREČNIK
DIZEL
DIMENZIJE
DISTRIBUCIJA
OSE

ENERGIJA
STABILNOST
SNAGE
TEČNOG
MAŠINA
MERENJE
MOTOR
DUBINA
POGON

19 - Restaurante # 2

```
И  H  U  A  O  M  B  F  A  R  E  Č  E  V
Z  P  Z  A  Č  I  N  I  N  U  E  S  Y  D
I  O  N  S  U  K  U  M  B  Č  P  T  И  P
O  V  R  K  K  A  T  I  P  A  N  O  D  A
Z  R  E  N  L  E  K  T  C  K  A  L  P  O
C  Ć  S  U  P  A  Y  S  O  O  Y  I  V  T
K  E  N  J  R  D  R  D  O  R  Y  C  O  K
A  D  I  A  A  K  I  Š  A  K  T  A  Ć  R
L  N  V  J  T  O  B  I  N  D  J  A  E  E
I  U  A  A  A  K  E  C  I  E  O  D  R  Z
E  P  D  R  L  F  M  V  A  L  L  V  T  A
T  T  S  N  A  K  Š  U  J  L  I  V  K  N
N  Z  J  Z  S  R  S  B  U  H  A  J  C  C
Z  Y  A  S  T  C  V  N  L  J  R  P  H  I
```

RUČAK	VILJUŠKA
VODA	LED
NAPITAK	VEČERA
TORTA	POVRĆE
STOLICA	REZANCI
KAŠIKA	JAJA
UKUSNO	RIBE
ZAČINI	SO
VOĆE	SALATA
KELNER	SUPA

20 - Países #2

```
D F O E Z O H P N I И L Z I
A T R A J I N A B L A A P N
N Z K A K S R I I Z R O A D
S O J N N A P A J T Z S K O
K J A I U C H G A U I O N
A M F J L G U G R Č K E S E
R E E A L A И S S A A B T Z
Y K P R O M M J K I E D A I
F S A K J A M A J E R L N J
V I Y U R J L I B A N I A A
C K И E J I L A M O S K J T
D O G E C S U G A N D I A E
N E P A L U N I G E R I J A
B D Z J T R Z L V R R D R L
```

ALBANIJA
DANSKA
FRANCUSKE
GRČKE
HAITI
INDONEZIJA
IRSKA
JAMAJKA
JAPAN
LAOS

LIBAN
MEKSIKO
NEPAL
NIGERIJA
PAKISTAN
RUSIJA
SIRIJE
SOMALIJE
UKRAJINA
UGANDI

21 - Cozinha

```
D Y G G P G R P S A K U A Č
Z A Č I N I V O A E Y U L I
T S H A J P Z I Š R V B N N
F R I Ž I D E R L T O K V I
Š И K H C R A G N J I D R J
T A U C A H U J O Č U L Č U
A J L E C E K U Ž A R Š J N
P T G R E R N A E J E O K R
I Z E K I Š A K V N C R U E
Ć S T V N F N D I I E Š O Đ
I A T I L N A V A K P O Y N
N G V N P A C N O L T L P U
K И I Z И N S U L H O J Y S
Z A M R Z I V A Č T U E L F
```

KECELJA
ČAJNIK
KAŠIKE
LONCA
ŠOLJE
ZAČINI
SUNĐER
NOŽEVI
RERNA
ZAMRZIVAČ

VILJUŠKE
FRIŽIDER
ROŠTILJ
SALVETA
TEGLU
VRČ
ŠTAPIĆI
RECEPT
ČINIJU

22 - Material de Arte

```
T  I  Z  P  N  L  E  P  A  K  U  E  M  N
M  S  D  N  P  A  K  P  L  J  L  A  G  U
A  D  O  V  P  P  V  N  E  T  J  R  T  M
S  K  K  N  T  A  O  O  T  S  E  E  M  A
Y  T  V  Y  V  P  L  O  S  T  G  M  E  S
C  G  A  A  B  I  O  A  A  E  J  A  U  T
N  Y  A  L  R  R  T  E  P  Y  F  K  S  I
V  B  G  L  A  E  G  A  M  T  E  Y  T  L
K  V  H  B  P  K  L  I  E  P  O  Č  O  O
G  U  M  I  C  A  I  I  S  R  J  E  L  K
S  B  A  Z  L  U  R  G  F  Z  K  T  I  O
I  K  O  D  N  S  K  P  U  O  M  K  C  B
C  Z  B  O  J  E  A  A  Y  L  E  E  A  V
H  R  B  H  D  U  I  S  F  D  A  P  Y  Y
```

AKRIL
GUMICA
AKVARELI
KLEJ
VODA
STOLICA
UGALJ
STALAK
KAMERA
LEPAK

BOJE
KREATIVNOST
ČETKE
OLOVKE
STO
ULJE
PAPIR
PASTELA
MASTILO

23 - Números

```
D O S A M N A E S T E P B J
Š E H U S A O P M S E D A M
E N S T R I N A E S T Č V P
S K E E J J R Y И D S E D G
T P M V T E P T K E E T Z N
E P F E T D E E I C A R N M
Š C M D F A T S D I N N G Y
P E A L U N N E V M M A S O
E H S C И M A D A A A E И A
T J R N E F E A N L D S H U
H D P И A Y S V A N E T U H
J И P A И E T D E E S A V И
Č E T I R I S A S G L Y N E
L B T A S R S T T D A C D T
```

PET
DECIMALNE
DESET
ŠESNAEST
SEDAMNAEST
OSAMNAEST
DVA
DVANAEST
DEVET
OSAM

ČETRNAEST
ČETIRI
PETNAEST
ŠEST
SEDAM
TRINAEST
TRI
JEDAN
DVADESET
NULA

24 - Física

```
M  L  U  K  E  L  O  M  A  S  E  F  U  Y
H  E  I  L  E  N  I  T  S  U  G  O  B  F
N  S  H  L  F  A  R  O  T  O  M  R  R  R
U  B  J  A  V  P  O  A  A  Y  K  M  Z  E
H  A  O  S  N  A  F  F  E  M  Z  U  A  K
U  E  N  T  A  I  T  I  P  L  И  L  N  V
J  A  M  A  C  A  K  O  Z  C  K  U  J  E
T  F  P  D  I  A  Y  E  M  P  F  U  E  N
R  E  L  A  T  I  V  N  O  S  T  D  N  C
R  И  P  K  S  U  A  D  A  M  F  J  T  I
U  N  I  V  E  R  Z  A  L  N  A  D  P  J
I  I  G  И  Č  H  E  M  I  J  S  K  E  A
B  F  S  E  E  L  E  K  T  R  O  N  V  И
B  R  Z  I  N  E  G  A  S  E  Y  V  I  T
```

UBRZANJE	MEHANIKE
ATOM	MOLEKUL
HAOS	MOTOR
GUSTINE	NUKLEARNE
ELEKTRON	ČESTICA
FORMULU	HEMIJSKE
FREKVENCIJA	RELATIVNOST
GAS	UNIVERZALNA
MASE	BRZINE

25 - Especiarias

```
K  U  L  I  L  E  B  S  J  K  C  Y  K  Đ
P  A  K  R  O  G  R  M  B  V  A  K  O  U
P  A  R  O  B  I  B  E  R  B  O  G  R  M
L  U  K  A  M  P  V  A  N  I  L  E  I  B
Y  K  P  S  N  O  R  H  A  C  E  K  J  I
J  N  M  I  A  F  R  P  K  I  S  U  A  R
K  N  I  N  R  J  I  A  J  M  I  M  N  S
S  A  Y  A  F  N  F  L  Č  E  K  I  D  O
L  H  R  J  A  H  M  Z  I  T  I  N  E  Z
A  U  P  D  Š  K  F  J  M  Ć  M  H  R  J
D  O  P  R  A  L  R  J  S  L  A  T  K  O
I  K  A  R  I  M  D  L  U  B  B  J  T  E
Ć  F  L  I  V  N  O  C  K  O  L  L  L  H
E  P  T  G  M  E  P  M  U  A  F  J  F  V
```

ŠAFRAN	LUK
SLADIĆE	KORIJANDER
BELI LUK	KUMIN
GORKA	KARANFILIĆ
ANISA	SLATKO
KISELO	KOMORAČ
VANILE	ĐUMBIR
CIMET	BIBER
KARDAMOM	UKUS
KARI	SO

26 - Países #1

```
A  T  T  L  O  I  E  S  M  C  D  L  H  D
K  A  N  A  D  A  G  P  E  A  E  V  S  A
P  A  B  И  V  I  Y  J  N  R  R  P  D
Š  R  T  I  N  P  P  T  I  B  E  O  K  A
N  P  A  J  I  L  A  T  I  R  Ž  G  K  D
I  L  A  M  D  O  T  F  E  A  D  Z  A  O
K  C  V  N  V  D  J  D  O  Z  O  C  J  L
A  P  И  R  I  И  B  C  N  I  B  D  I  F
R  K  A  K  S  J  L  O  P  L  M  И  D  I
A  R  M  A  K  Č  A  M  E  N  A  L  N  N
G  I  Z  R  A  E  L  J  B  F  K  S  I  S
V  S  T  S  P  O  P  A  N  A  M  A  C  K
A  N  O  R  V  E  Š  K  A  H  L  P  J  A
E  K  V  A  D  O  R  U  O  I  R  A  K  C
```

NEMAČKA	ITALIJA
BRAZIL	INDIJA
KAMBODŽE	MALI
KANADA	MAROKO
EGIPAT	NIKARAGVA
EKVADOR	NORVEŠKA
ŠPANIJA	PANAMA
FINSKA	POLJSKA
IRAK	SENEGAL
IZRAEL	

27 - A Mídia

```
R A D I O M T C L B И I E O
E J I F A R G O T O F K N N
K Z J M S E J N A D Z I L L
D O G P J Ž R C L R И P A I
F N M И K A O Y Y V C R U N
И C N E J A V N I H P Y T E
E J N A R I S N A N I F K N
F D И И R C S F L N U R E O
L F G P C E I N L A K O L V
S T A V O V A J Z M L D E I
L G N V P B И J A И E I T N
Č I N J E N I C E L R L N E
D I G I T A L N I A N Y I B
O B R A Z O V A N J E I A И
```

STAVOVA
KOMERCIJALNI
DIGITALNI
IZDANJE
OBRAZOVANJE
ČINJENICE
FINANSIRANJE
FOTOGRAFIJE

INTELEKTUALNE
NOVINE
LOKALNI
ONLINE
JAVNI
RADIO
MREŽA

28 - Casa

```
R A H E C D K T A S T E R I
N S H L D Z I U N F A B J N
G S N I J P K N H I P E T A
I F P F S P N A L I N D O M
H K N S E K Y V O M N S O E
T Y O P G A Ž A R A G J G Š
Z N L E R B L T I S P L A T
A T A R V O E J G L P T N A
V B D L Z S Z V E A A O U J
E A E D A R G O L V K R I Š
S Š L L V M N V R I A N V A
E T G P L A F O N N M F Y G
E A O M E T L A T A I Z I D
B I B L I O T E K E N D R C
```

BIBLIOTEKE
OGRADE
TASTERI
TUŠ
ZAVESE
KUHINJA
OGLEDALO
GARAŽA
PROZOR
BAŠTA

KAMIN
NAMEŠTAJ
ZID
VRATA
SOBA
TAVANU
TEPIH
PLAFON
SLAVINA
METLA

29 - Vegetais

```
G F V B B P H V И Đ F A S Š
L Z R R S K N Y K U Z Y O A
J F C O S P I P M M K S Z R
I N J K G E A V L B D A H G
V S B O N S V N J I G L P A
A K U L I L E B A R R A A R
C K R I P M O R K Ć E T R E
I R Š B U N D E V E P A A P
V E B A C S D P I L A P D A
K B L H R R A C N K G C A G
T O L A Š G G P E U P H J P
O A R T I Č O K E L P P Z J
R K R A S T A V A C E G R M
P A T L I D Ž A N U Š R E P
```

BUNDEVE	GLJIVA
CELER	GRAŠKA
ARTIČOKE	SPANAĆ
BELI LUK	ĐUMBIR
KROMPIR	REPA
PATLIDŽAN	KRASTAVAC
BROKOLI	ROTKVICA
LUK	SALATA
ŠARGAREPA	PERŠUN
ŠALOT	PARADAJZ

30 - Balé

```
K O R E O G R A F I J A B T
T K O M P O Z I T O R J T E
V G K R R I T A M H O U Y H
A A Č A S E L P Y A O G U N
U M E T N I Č K E P S L Z I
Y D K S S L B R B L C T D K
I N I E C E O Y O A A N I A
B N L K M K G Y R U P T P L
E B B R Y U C F P Z M F U И
K F U O N A Z O I C A R G L
M R P И P A N I T Š E V A G
B A L E R I N A K V E Ž B A
I Z R A Ž A J A N A G J A J
S O L O I N T E N Z I T E T
```

APLAUZ
UMETNIČKE
BALERINA
KOMPOZITOR
KOREOGRAFIJA
PLESAČA
PROBE
STIL
IZRAŽAJAN
GEST

GRACIOZAN
VEŠTINA
INTENZITET
MUZIKA
ORKESTAR
VEŽBA
PUBLIKE
RITAM
SOLO
TEHNIKA

31 - Adjetivos #1

```
N  I  A  R  R  I  Y  O  N  M  A  T  C  O
E  Y  V  R  F  A  D  C  G  K  И  Z  R  Z
V  M  C  I  И  R  И  E  N  R  U  G  P  A
T  N  A  P  I  O  S  N  N  K  O  A  И  U
S  P  O  R  O  M  И  V  A  T  G  M  E  J
N  A  N  I  N  A  L  I  J  G  I  F  A  Y
A  P  Ž  Y  E  T  A  T  L  E  P  Č  N  N
J  S  A  I  Š  I  A  K  I  L  E  V  A  K
A  O  V  S  R  Č  G  A  B  T  O  C  R  N
T  L  L  K  V  N  O  R  Z  E  O  H  E  F
H  U  A  R  A  O  C  T  O  Š  K  Y  D  N
M  T  E  E  S  N  U  A  A  K  A  C  O  G
И  N  И  N  P  A  A  M  O  A  R  C  M  U
A  E  E  K  Č  I  N  T  E  M  U  B  O  P
```

APSOLUTNE
AROMATIČNO
UMETNIČKE
ATRAKTIVNE
OGROMAN
TAMNO
TANAK
VELIKA
ISKREN

IDENTIČAN
VAŽNO
SPORO
TAJANSTVEN
MODERAN
SAVRŠENO
TEŠKA
OZBILJAN

32 - Psicologia

```
T  A  N  E  C  O  R  P  S  E  C  S  D  S
E  B  J  V  Y  D  E  O  E  M  U  A  E  Z
R  O  Z  O  S  S  A  D  N  O  O  S  T  T
A  K  F  N  U  H  L  S  Z  C  P  T  I  U
P  U  P  S  A  I  N  V  A  I  U  A  N  C
I  S  K  O  F  T  O  E  C  J  T  N  J  C
J  A  H  M  N  I  S  S  I  A  I  A  S  I
A  C  P  L  G  A  T  T  J  V  C  K  T  S
Y  L  M  R  M  O  Š  S  A  P  A  E  V  K
Z  G  T  G  R  I  M  A  O  U  J  G  A  U
T  O  N  S  E  V  S  E  N  N  A  O  A  S
P  R  O  B  L  E  M  L  B  J  Č  R  Y  T
K  L  I  N  I  Č  K  E  I  O  E  I  N  V
P  E  R  C  E  P  C  I  J  E  N  O  L  A
```

PROCENA	UTICAJA
KLINIČKE	MISLI
PONAŠANJE	PERCEPCIJE
SASTANAK	LIČNOSTI
SUKOBA	PROBLEM
EGO	REALNOST
EMOCIJA	SENZACIJA
ISKUSTVA	SNOVE
NESVESNO	PODSVEST
DETINJSTVA	TERAPIJA

33 - Paisagens

```
J E Z E R O K D D M E I U K
A K L S A N A E K O L B P O
M E P U S T I N J I L A D K
Y R И I B T U N D R E I E J
M O A Z E И P E Ć I N E N K
E O P O L U O S T R V O I I
B P Č V U L K A N Z C Y N O
F R H V I L A Z P Z R H A S
I И D H A Ž A L P H B E L T
A T V O C R E Č E L G I P R
M D N И И D A P O D O V M V
M Y P T Y B K O U R C J O O
L E D E N O G B R E G A R S
U D E F R Y C O T O D B E M
```

VODOPAD	PLANINE
PEĆINE	OAZE
BRDO	OKEAN
PUSTINJI	MOČVARA
GLEČER	POLUOSTRVO
ZALIV	PLAŽA
LEDENOG BREGA	REKE
OSTRVO	TUNDRE
JEZERO	DOLINI
MORE	VULKAN

34 - Dança

```
I  M  F  Y  P  E  N  Č  I  S  A  L  K  A
N  R  H  J  U  M  M  P  P  A  J  F  J  K
R  Y  P  P  O  O  A  U  E  R  V  H  B  A
U  A  B  E  V  C  T  A  Z  U  O  U  Z  D
T  B  D  J  P  I  I  U  K  I  C  B  B  E
L  M  J  O  B  J  R  V  P  N  K  N  E  M
U  L  V  A  S  A  G  R  E  J  S  A  D  I
K  V  T  S  O  N  T  E  M  U  P  J  P  J
P  O  K  R  E  T  O  L  E  T  P  A  H  E
K  U  L  T  U  R  A  Y  K  I  I  Ž  O  U
S  I  N  L  A  N  O  I  C  I  D  A  R  T
U  A  S  T  A  V  C  R  E  N  T  R  A  P
V  I  Z  U  E  L  N  I  T  Y  I  Z  A  K
D  D  G  S  G  A  D  S  O  G  A  I  J  E
```

AKADEMIJE	IZRAŽAJAN
RADOSNO	GREJS
UMETNOST	POKRET
KLASIČNE	MUZIKA
TELO	PARTNER
KULTURA	STAV
KULTURNI	RITAM
EMOCIJA	TRADICIONALNI
PROBE	VIZUELNI

35 - Nutrição

```
E  R  O  P  R  O  T  E  I  N  A  U  F  U
F  U  T  K  T  E  Ž  I  N  A  K  R  O  G
J  V  R  B  J  T  P  A  P  K  V  A  K  T
S  A  O  I  H  E  J  N  E  R  A  V  A  E
K  И  V  J  L  L  S  O  S  T  V  N  L  Č
Z  K  U  U  K  U  S  T  K  A  M  O  O  N
D  I  J  E  T  A  K  I  I  P  E  T  R  O
M  C  B  J  G  Y  V  T  V  V  C  E  I  S
U  J  A  L  A  L  A  E  G  A  O  Ž  J  T
C  O  I  V  C  K  L  P  U  R  I  E  A  I
R  T  D  A  F  L  I  A  K  D  N  N  D  V
D  S  L  R  Z  M  T  E  L  Z  T  K  B  R
F  A  L  D  D  T  E  V  I  T  A  M  I  N
P  S  A  Z  M  И  T  P  A  Y  S  A  F  A
```

GORKA	TEŽINA
APETIT	DEO
KALORIJA	PROTEINA
JESTIVO	KVALITET
DIJETA	UKUS
VARENJE	ZDRAV
URAVNOTEŽEN	ZDRAVLJE
SASTOJCI	OTROV
TEČNOSTI	VITAMIN
SOS	

36 - Energia

```
B  E  J  I  R  E  T  A  B  F  O  T  O  N
L  O  И  C  V  L  N  U  J  C  E  F  M  G
L  G  F  A  I  L  N  T  R  A  N  Y  O  O
E  T  O  L  P  O  T  Z  R  B  B  U  T  R
Z  E  F  A  H  Z  I  K  A  O  I  B  O  I
I  N  D  U  S  T  R  I  J  A  P  N  R  V
D  E  S  V  L  S  A  N  N  U  Y  I  U  O
K  L  V  U  K  P  E  O  E  G  J  Z  J  F
C  E  И  Z  N  M  S  D  Đ  M  P  N  A  E
L  K  U  D  A  C  И  O  A  C  T  E  H  M
K  T  S  N  O  V  E  V  G  M  F  B  M  O
R  R  K  Y  S  R  Y  V  A  A  G  Y  R  R
N  O  C  N  V  A  B  S  Z  V  E  T  A  R
D  N  N  U  K  L  E  A  R  N  E  A  O  K
```

BATERIJE	VODONIK
TOPLOTE	INDUSTRIJA
GORIVO	MOTOR
DIZEL	NUKLEARNE
ELEKTRON	ZAGAĐENJA
ENTROPIJE	SUNCE
FOTON	TURBINU
BENZIN	VETAR

37 - Disciplinas Científicas

```
B  I  O  L  O  G  I  J  E  A  V  I  M  G
P  S  I  H  O  L  O  G  I  J  E  M  I  E
O  И  H  T  A  C  M  B  E  И  P  U  N  O
B  O  T  A  N  I  K  E  J  F  T  N  E  L
S  O  C  I  O  L  O  G  I  J  E  O  R  O
Z  H  И  A  P  B  R  K  M  E  F  L  A  G
O  И  B  N  S  I  K  M  O  K  I  O  L  I
O  Z  T  A  S  O  P  И  N  O  И  G  O  J
L  V  K  T  L  H  Z  V  O  L  U  I  G  E
O  I  E  O  Z  E  I  R  R  O  V  J  I  N
G  Y  P  M  A  M  C  F  T  G  K  E  J  B
I  P  N  I  O  I  E  И  S  I  V  Z  A  D
J  B  И  J  Z  J  P  U  A  J  A  V  D  Z
E  S  U  E  G  E  J  I  M  E  H  M  B  N
```

ANATOMIJE

ASTRONOMIJE

BIOLOGIJE

BIOHEMIJE

BOTANIKE

EKOLOGIJE

GEOLOGIJE

IMUNOLOGIJE

MINERALOGIJA

PSIHOLOGIJE

HEMIJE

SOCIOLOGIJE

ZOOLOGIJE

38 - Meditação

```
P O K R E T P U Č E N J A M
M I S L I O A D O R I R P U
H L Y M U C Ž S И P O P G Z
S J K E E M N P G O Y A E I
A U A N V H J J U S G C J K
O B O T I V A T S M Y T N A
S A B A T S O N L A V H A Z
E Z U L K C T F A T A F T E
Ć N D N E A I S A R I M A M
A O A E P P Š E F A P V V O
N S N I S N I D V N N V H C
J T J C R K N I Z J U O I I
E L A И E H A P D E M U R J
T A S И P J A S N O Ć E P A
```

PRIHVATANJE
BUDAN
PAŽNJA
LJUBAZNOST
JASNOĆE
SAOSEĆANJE
EMOCIJA
UČENJA
ZAHVALNOST
MENTALNE

UM
POKRET
MUZIKA
PRIRODA
POSMATRANJE
MIR
MISLI
PERSPEKTIVE
STAV
TIŠINA

39 - Artes Visuais

```
K E R A M I K E L A K K R U
U M E T N I K O Z C Z O E A
K R E A T I V N O S T L M Z
S T A L A K T A B И G O E S
P N E D P B A J T G И V K L
D O E C A O U I P S U K D I
F L R E M H R F Z A A A E K
A B U T C V A A B I D S L A
R A T M R F Y R P M K E O R
F Š P U K E T G G L I N E S
P A L J F D T O A I E Z V T
K C U L N E O T T F P D R V
И N K G E R Z O U G A L J O
V O S A K K N F V R S M C S
```

GLINE
UMETNIK
OLOVKA
UGALJ
STALAK
VOSAK
KERAMIKE
SASTAV
KREATIVNOST

SKULPTURE
ŠABLON
FILM
FOTOGRAFIJA
KREDE
REMEK-DELO
SLIKARSTVO
PORTRET
LAK

40 - Moda

```
D E L E G A N T A N P O A A
T U D И Z D O D D T O R P J
E Y G V E Z R F O K V I K B
K E F M U H N G D A O G И И
S N A L A D Z C E N L I B P
T Č G E T D O R Ć I J N Č S
U I K B F D R B U N N A I B
R T A L L I Y D A A I L P U
E К И S I R Z O S N M N K T
N A V A T S O N D E J E E I
E R E M S R S K R O M A N K
N P L A G O E S K U P O E I
P T P U T M K N A R E D O M
O O P G E I S P D S C G Z P
```

POVOLJNIM
VEZ
DUGMAD
BUTIK
SKUPO
UDOBAN
ELEGANTAN
STIL
MERE
MODERAN

SKROMAN
ORIGINALNE
PRAKTIČNE
ČIPKE
ODEĆU
JEDNOSTAVAN
TKANINA
TREND
TEKSTURE

41 - Instrumentos Musicais

```
T  T  T  И  P  J  Z  H  B  T  O  D  K  B
J  R  R  E  K  J  L  A  R  A  D  U  L  P
F  I  O  U  N  I  A  R  O  M  K  K  A  S
A  L  Ž  M  B  P  M  M  B  B  K  I  V  R
S  F  D  O  B  A  K  O  O  U  L  I  I  G
A  G  N  O  G  O  J  N  U  R  A  E  R  A
F  E  E  E  Y  H  N  I  E  A  R  P  Z  N
L  F  B  R  I  A  A  K  N  Š  I  Y  B  I
A  R  A  T  I  G  B  A  R  A  N  C  P  L
U  A  C  G  H  V  U  N  O  L  E  O  I  O
T  H  L  N  O  P  B  N  H  A  T  B  R  D
A  F  Y  M  D  T  S  A  K  S  O  F  O  N
B  A  T  A  K  S  V  I  O  L  I  N  U  A
V  I  O  L  O  N  Č  E  L  O  S  L  T  M
```

MANDOLINA	TAMBURAŠA
BENDŽO	UDARALJKE
BATAK	KLAVIR
KLARINET	SAKSOFON
FAGOT	BUBANJ
FLAUTA	TROMBON
HARMONIKA	TRUBA
GONG	GITARA
HARFE	VIOLINU
OBOU	VIOLONČELO

42 - Adjetivos #2

B	H	L	A	D	S	Y	O	M	P	R	N	A	P
O	Z	K	U	M	P	L	D	P	Y	A	M	C	O
N	A	D	A	R	E	N	A	I	I	A	P	P	Z
L	V	P	T	Z	R	N	И	N	K	S	H	E	N
A	O	O	S	A	P	J	V	V	O	I	N	A	A
M	N	N	I	N	V	A	A	I	T	M	N	I	T
R	A	O	Č	I	R	V	R	T	T	M	H	T	V
O	R	S	D	M	U	A	D	K	S	A	V	U	S
N	O	N	I	L	Ć	Z	Z	U	L	G	E	E	Z
A	V	I	V	J	E	O	N	D	O	R	I	R	P
G	O	P	L	I	D	Y	I	O	G	Y	G	L	K
H	G	H	J	V	R	P	Z	R	C	Y	Z	K	A
B	D	A	A	O	F	R	B	P	V	O	G	A	J
G	O	J	Y	A	U	T	E	N	T	I	Č	A	N

AUTENTIČAN
KREATIVNE
OPISNI
NADAREN
POZNAT
JAK
ZANIMLJIVO
PRIRODNO
NORMALNO
NOVA

PONOSNI
PRODUKTIVNI
ČISTA
VRUĆE
ODGOVORAN
SLANO
ZDRAV
SUVA
DIVLJA

43 - Roupas

```
E E K R E M R A F V Z K C D
N P P C G E P M O D A E I Ž
O A B O K A P U T N H C P E
L R R N J E Z N P C Z E E M
A A B U U A И K Z A K L L P
T Č C J K R S A A G T J A E
N L L S D V J J L B S A N R
A U P C K И I S A N D A L E
P G Y M G O E C I V A K U R
B L U Z A I Š T A K T K G I
O G R L I C A U S U K N J A
I G R A J I M G L Š E Š I R
P I D Ž A M E C S J K D Z L
K P M Z M A N I J L A H Y C
```

KECELJA	RUKAVICE
BLUZA	ČARAPE
PANTALONE	MODA
KOŠULJA	PIDŽAME
KAPUT	NARUKVICA
ŠEŠIR	SUKNJA
POJAS	SANDALE
OGRLICA	CIPELA
JAKNU	DŽEMPER
FARMERKE	HALJINA

44 - Herbalismo

```
A R O M A T I Č N O T O A Š
K V A L I T E T S B И R M A
E S T R A G O N A O R I V F
K K U K U S H E S S G G V R
B O O V R Z A L T I R A M A
D B R M U P S E O L U N A N
J L I I O V A Z J J Z O J P
L D E L S R C U A A M A O E
I И V C J T A M K K A C R R
B A Š T A K A Č V N R V A Š
I P V G Z A A N C F I E N U
K O R I J A N D E R N T S N
B E L I L U K D D L R K Y G
L A V A N D E F P I A K R V
```

ŠAFRAN	BAŠTA
RUZMARIN	LAVANDE
BELI LUK	BOSILJAK
AROMATIČNO	MAJORAN
KORISTAN	ORIGANO
KORIJANDER	BILJKA
ESTRAGON	KVALITET
CVET	UKUS
KOMORAČ	PERŠUN
SASTOJAK	ZELEN

45 - Arqueologia

```
D T A G M N E P O Z N A T R
F O S I L I E P G K U И O E
Z E H T B T S V A E J И B L
A J L S E K I T N A Č H J I
B I B O Z A E R E Y A U E K
O C E K P K P E C R V O K V
R A N T P P A P O O I L T I
A Z I L A N A S R S Ž J E J
V I D G A P E K P E A F A A
I L O F E J A E V F R И D D
O I G H R A M И V O T T I M
F V K V A Y P O D R S V M O
P I A P P P Y H K P I R I R
P C I H P P O T O M A K N R
```

ANALIZA   ZABORAVIO
GODINE   FOSIL
ANTIKE   ISTRAŽIVAČ
PROCENA   MISTERIJA
CIVILIZACIJE   OBJEKTE
POTOMAK   KOSTI
NEPOZNAT   PROFESOR
TIM   RELIKVIJA
ERE   HRAM
EKSPERT

46 - Frutas

```
B  J  P  C  K  O  I  L  H  G  V  B  N  P
N  R  A  Y  D  E  I  I  H  A  E  P  A  O
O  H  E  B  N  M  M  M  И  O  G  N  A  M
P  I  K  S  U  V  H  U  D  O  I  U  A  O
Z  R  Š  O  K  K  U  N  F  I  A  O  F  R
C  E  U  K  D  V  A  G  L  V  M  S  B  A
M  T  R  O  I  T  E  J  I  S  J  A  K  N
G  A  K  K  P  A  P  A  J  A  C  N  A  D
R  N  L  I  L  F  F  Y  O  R  Z  A  V  Ž
O  I  V  I  K  I  A  F  L  P  F  N  O  A
Ž  P  A  E  N  G  G  P  M  D  H  A  K  A
Đ  U  A  K  E  E  B  E  R  R  I  И  A  D
A  K  N  E  K  T  A  R  I  N  A  O  D  C
P  V  I  Š  N  J  E  N  A  N  A  B  O  И
```

AVOKADO
ANANAS
KUPINA
BERRI
BANANE
VIŠNJE
KOKOS
KAJSIJE
FIG
MALINE

KIVI
POMORANDŽA
LIMUN
JABUKA
PAPAJA
MANGO
NEKTARINA
KRUŠKE
BRESKVE
GROŽĐA

47 - Corpo Humano

```
V  I  L  I  C  E  N  H  G  I  Z  И  H  D
S  R  И  K  H  J  I  L  V  R  A  T  C
K  Y  V  L  R  R  E  L  A  T  S  U  D  И
O  И  K  G  N  O  G  U  V  P  R  S  T  T
Č  L  Z  R  I  V  U  K  A  O  J  A  B  T
N  P  C  A  A  U  Y  V  L  V  U  Z  L  Y
I  D  N  N  D  M  T  B  S  G  V  N  O  D
Z  C  N  B  A  Y  E  C  R  S  G  O  U  M
G  F  V  U  R  F  S  K  O  Ž  A  S  K  N
L  D  Z  L  B  K  O  L  E  N  O  L  E  Č
O  J  T  U  I  A  L  O  K  O  T  A  N  Y
B  S  P  G  R  Z  P  C  K  И  P  K  E  L
R  U  K  A  B  O  P  A  R  Z  H  A  H  P
M  H  I  J  I  M  A  J  V  K  F  T  N  K
```

USTA	OKO
GLAVA	RAME
MOZAK	UVO
SRCE	KOŽA
LAKAT	NOGU
PRST	VRAT
KOLENO	BRADA
VILICE	KRV
RUKA	ČELO
NOS	SKOČNI ZGLOB

48 - Caminhada

```
U K T P R I P R E M A P A M
P L O E P L A N I N E Y V G
U I И C Š N M Ž Č K P C R L
D F B N O K G I U I B R E B
P I A U B Y A V M T Z E M K
R A V S P O D O O S O M E L
I T O L K R O T R O C A E I
R P К И J Z V I A N S O J M
O B R J I A L N N S Z H N A
D Z A P L N J J L A C N E L
A O P R R A S E A P Y G M J
B H U Z E J N A V O P M A K
P O L O Ž A J K A P A S K A
K N P A T T V O D I Č I Y G
```

KAMPOVANJE
ŽIVOTINJE
VODA
ČIZME
UMORAN
KLIMA
VODIČI
MAPA
PLANINE
PRIRODA

POLOŽAJ
PARKOVA
KAMENJE
KLIF
OPASNOSTI
TEŠKA
PRIPREMA
DIVLJA
SUNCE
VREME

49 - Beleza

```
И P R O I Z V O D I F A T N
M H Z I H Y V N F F S A E A
И U F O S O S B G P O A U T
V E R J D P N Z I И G O J N
F O T O G E N I И A N И I A
G C R F M I R I S J A A C G
D R M A S K A R A L O K N E
A И E R G M F J Ž U R N A L
C V I J A B Z U O Z D I G E
E O V D Š R U K B H M E Z
K O Z M E T I K A T C Š L A
S T I L I S T A T E M A E K
T Z O G L E D A L O J Z C A
U S L U G E Z Š A M P O N M
```

RUŽ   MIRIS
LOKNE   GREJS
ŠARM   ŠMINKA
BOJA   ULJA
KOZMETIKA   KOŽA
ELEGANTAN   PROIZVODI
ELEGANCIJU   MASKARA
OGLEDALO   USLUGE
STILISTA   MAKAZE
FOTOGENИAN   ŠAMPON

50 - Água

```
R E K E L D G L S A И P P E
I E H O C P N E N A T A M P
Z J J P A A U D E J Z U V O
J N E T Z Y S P G N T Y Š P
E A Z Y V B N A G A R U M L
G V E L L G O B H V A A Y A
T A R Z A R M S E A N U R V
T J O R G N P C Z R M I Z A
J N L O E И A E B A L A D N
U D L T Š P P K B P H O E A
C O A I I N G T B S C C U E
A V K Z K V L I L I C T P K
T A L A S A K P P A R E P O
P N J J И E B И T F T R D I
```

KANAL
KIŠE
TUŠ
ISPARAVANJA
URAGAN
MRAZ
LED
GEJZIR
POPLAVA
NAVODNJAVANJE

JEZERO
MONSUN
SNEG
OKEANA
TALASA
PITKE
REKE
VLAGE
PARE

51 - Filantropia

```
Č O V E Č A N S T V O K F T
O V N L M A L L V Z I O I S
R B M I K I A A A Y T N N U
O N L A B O L G V G F T A P
O A H A J I R O T S I A N B
M L A D O S T T S A A K S F
Y J A V N I J D D T H T I L
I Z A Z O V A H E Y I I J U
D M J A A V M E R A D N A E
E B I R G Y Y P S B U G J P
C Y S C I L J E V E J P G U
A C I N D E J A Z R L J H R
M A M F P K R I Z T L N G G
P R O G R A M I M Z V T V F
```

MILOSTINJU	ISTORIJA
ZAJEDNICA	ČOVEČANSTVO
KONTAKTI	MLADOST
DECA	MISIJA
IZAZOVA	TREBA
FINANSIJA	CILJEVE
SREDSTVA	LJUDI
GLOBALNO	PROGRAMI
GRUPE	JAVNI

52 - Ecologia

```
M  F  A  C  J  I  B  S  A  P  Z  S  P  E
P  О  И  K  A  N  A  T  S  P  O  V  P  S
L  Y  Č  И  O  N  L  A  B  O  L  G  E  S
A  P  C  V  I  I  T  N  O  K  L  I  M  A
N  R  P  K  A  K  H  I  K  S  R  O  M  Z
I  V  B  L  J  R  R  Š  U  N  I  P  N  A
N  R  E  J  I  C  A  T  E  G  E  V  F  J
E  S  R  U  S  E  R  E  F  L  O  R  E  E
O  N  D  O  R  I  R  P  N  D  S  P  Š  D
A  D  O  R  I  R  P  Z  Y  U  N  T  U  N
Z  C  R  K  S  O  O  P  Y  D  A  M  S  I
Y  I  K  Ž  B  I  L  J  K  E  Y  F  R  C
I  P  E  T  I  Č  I  L  Z  A  R  И  E  E
U  O  K  F  Y  V  O  H  N  I  И  V  B  M
```

KLIMA
ZAJEDNICE
FAUNE
FLORE
GLOBALNO
STANIŠTE
MORSKIH
PLANINE
PRIRODNO

PRIRODA
MOČVARA
BILJKE
RESURSE
SUŠE
OPSTANAK
ODRŽIV
RAZLIČITE
VEGETACIJE

53 - Família

```
M R M H P D R A A U T D R B
G A G U R P U S D J E E O A
D P J I I N E S H A T T Đ K
V H S Č U T E N Z K K I A A
E A J N I K A Ć E N A N K C
H D P L L N J T A R B J P E
Ć E R K A T S S P K D S M D
P R E D A K H K E U Z T D И
B L M U Ž U B A E S C V E Y
E P E K S N I Č O V T A T Z
V L H Z S U J T M Y И R E C
A E T O U H M A J K A N A R
T E T D A U V R O U L J M F
O T A C A J H I B G S O R C
```

PREDAK
BAKA
DETE
DECA
SUPRUGA
ĆERKA
DETINJSTVA
SESTRA
BRAT
MUŽ

MAJČINSKE
MAJKA
UNUK
OTAC
OČINSKE
ROĐAK
NEĆAKINJA
NEĆAK
TETKA
UJAK

54 - Férias #2

```
L L P Š A T O R D S S T N O
K S H L V I Z A E E U A U S
R E Z E R V A C I J E K J T
S U R T Z P P D T N N S R R
P T I O P U A P L A I I E V
U R R H Z L M I N V N A S O
J L E A E R A V P O A E T I
E T R V N C D Ž C T L R O C
V B O A O A A V A U P O R B
O D M O R Z C B F P H D A G
F O T O G R A F I J E R N U
K A J N B J O N D O B O L S
O D R E D I Š T E A F M V M
D U P A Z F P A S O Š S S J
```

AERODROM
ODREDIŠTE
STRANAC
ODMOR
FOTOGRAFIJE
HOTEL
OSTRVO
SLOBODNO
MAPA
MORE

PLANINE
PASOŠ
PLAŽA
REZERVACIJE
RESTORAN
TAKSI
ŠATOR
PREVOZ
PUTOVANJE
VIZA

55 - Edifícios

```
Š A T O R P G V L Z G B B F
G A R A Ž A L O K Š A K V A
A V U И S T A D I O N M B T
L A B O R A T O R I J A A E
B O L N I C A A M B A R F K
И Y U A R G L Y P Z F A A R
H I H T A P U Z J R P S R A
K O Y S И J K K S J I H M M
P H T J A M B A S A D E I R
J T L E Š I R O Z O P M E
O C K Z L O F A B R I K E P
B A L U I J L R F B H L F U
R N J M C U B I O S K O P S
O P S E R V A T O R I J E A
```

STAN
ZAMAK
AMBAR
BIOSKOP
AMBASADE
ŠKOLA
STADION
FARMI
FABRIKE
GARAŽA

BOLNICA
HOTEL
LABORATORIJA
MUZEJ
OPSERVATORIJE
SUPERMARKETA
POZORIŠTE
ŠATOR
KULA

56 - Aventura

```
I  E  N  A  N  A  J  G  C  I  M  C  U  N
Z  K  A  K  M  O  E  T  G  Z  R  C  P  E
N  S  V  T  A  O  V  A  I  A  A  J  R  O
E  K  I  I  Z  M  E  A  N  Z  D  P  I  B
N  U  G  V  A  A  T  S  A  O  O  T  P  I
A  R  A  N  J  R  Š  N  V  V  S  S  R  Č
Đ  Z  C  O  I  G  I  A  N  A  T  O  E  N
U  I  I  S  Z  O  D  Š  S  A  F  R  M  O
J  J  J  T  U  R  E  V  C  T  S  B  A  V
U  E  U  K  T  P  R  I  R  O  D  A  T  F
Ć  C  V  V  N  C  D  T  U  P  B  R  P  H
E  N  P  E  E  Ć  O  K  Š  E  T  H  V  O
S  I  G  U  R  N  O  S  T  L  R  R  H  B
V  L  M  P  R  I  J  A  T  E  L  J  I  Y
```

RADOST	EKSKURZIJE
PRIJATELJI	NEOBIČNO
AKTIVNOST	PROGRAM
LEPOTA	PRIRODA
HRABROST	NAVIGACIJU
ŠANSA	NOVA
IZAZOVA	OPASAN
ODREDIŠTE	PRIPREMA
TEŠKOĆE	SIGURNOST
ENTUZIJAZAM	IZNENAĐUJUĆE

57 - Floresta Tropical

```
A  J  I  C  A  R  U  A  T  S  E  R  I  V
U  U  O  Z  A  J  E  D  N  I  C  A  Y  Z
T  S  T  S  O  K  I  L  O  N  Z  A  R  U
O  O  I  O  D  Ž  U  N  G  L  I  N  B  P
Č  P  O  S  H  B  O  T  A  N  I  Č  K  I
I  S  P  Č  A  T  P  R  I  R  O  D  A  T
Š  T  O  M  U  R  O  K  L  I  M  A  F  K
T  A  Š  A  V  V  A  N  U  N  A  D  F  E
E  N  T  H  R  R  A  F  I  L  P  Y  G  S
T  A  O  O  E  B  P  N  I  H  Y  T  K  N
S  K  V  V  D  A  Z  C  J  K  C  И  G  I
R  P  A  I  N  T  Z  U  S  E  C  I  T  P
V  B  T  N  E  O  B  L  A  C  I  F  T  R
J  M  I  A  V  O  D  O  Z  E  M  C  I  K
```

VODOZEMCI	PRIRODA
BOTANIČKI	OBLACI
KLIMA	PTICE
ZAJEDNICA	OČUVANJE
RAZNOLIKOST	UTOČIŠTE
VRSTE	POŠTOVATI
AUTOHTONIH	RESTAURACIJA
INSEKTI	DŽUNGLI
SISARA	OPSTANAK
MAHOVINA	VREDNE

58 - Cidade

```
J  E  Y  P  J  J  P  E  K  A  R  A  S  R
P  B  B  Z  O  E  Š  I  Ž  R  T  E  И
S  A  L  O  N  Z  A  P  O  T  E  K  E  U
D  G  B  A  V  U  O  H  J  G  И  M  R  C
B  G  Z  N  H  M  O  R  D  O  R  E  A  B
G  A  L  E  R  I  J  A  I  A  V  I  Ć  R
K  N  J  I  Ž  A  R  A  U  Š  O  T  E  E
B  I  O  S  K  O  P  N  J  T  T  E  V  S
Z  A  Š  K  O  L  A  O  U  F  P  E  C  T
G  O  E  K  E  T  O  I  L  B  I  B  J  O
R  T  O  A  A  P  D  E  P  A  K  B  R
H  Z  T  V  T  H  G  A  T  A  V  N  C  A
A  Z  S  F  R  A  J  T  O  Z  V  Y  K  N
U  C  D  Y  R  T  D  S  H  P  T  Z  J  E
```

AERODROM	HOTEL
BANKE	ZOO VRT
BIBLIOTEKE	KNJIŽARA
BIOSKOP	TRŽIŠTE
ŠKOLA	MUZEJ
STADION	PEKARA
APOTEKE	RESTORAN
CVEĆAR	SALON
GALERIJA	POZORIŠTE

59 - Música

```
M P I N S T R U M E N T V B
D R A L B U M S S C U B O И
A C I Č A V E P D J E A K L
S S F D S N K K I J K D A B
H K Z G J N Č O L Č A L J
K A S T L P I K S R I L M I
L P R A G N M I O Z A E M
A E A M A M S A A H U B L I
S V Č C O R E T G N M A O K
I A I P P N P I O Z J S D R
Č M Z P M K I R S P O E I O
N D U N E Y M J L I E И Y F
E A M O T I N B E L И R N O
I M P R O V I Z U J E M E N
```

ALBUM
BALADA
PEVAM
PEVAČICA
KLASIČNE
HOR
SNIMANJE
HARMONIJE
IMPROVIZUJEM
INSTRUMENT

LIRSKI
MELODI
MIKROFON
MUZIČKE
MUZIČAR
OPERE
PESNIČKE
RITAM
TEMPO
VOKAL

60 - Matemática

```
P V V A L O L K O V C A Y R
S E O P H G P L V N И M E A
I P R L S U J I D A R I J U
M A G I U A P M L U D B E A
E R E F M M R C L P S R O K
T A O H U E E U Y R H B A I
R L M L N G T N F A N R G T
I E E O B I M A G V V C U E
J L T A P P T M R N A L O M
A N R A N O G I L O P H R T
O I I J E D N A Č I N A T I
G Y J E K S P O N E N T B R
V Z E P R E Č N I K I A L A
F R A K C I J A V O L G U S
```

ARITMETIKA	PERIMETAR
UGLOVA	UPRAVNO
OBIM	POLIGONA
PREČNIK	KVADRAT
JEDNAČINA	RADIJUS
EKSPONENT	SIMETRIJA
FRAKCIJA	TROUGAO
GEOMETRIJE	VOLUMEN
PARALELNI	

61 - Saúde e Bem Estar #1

```
K T E R A P I J A Ž O K A H
G L R E F L E K S U R I V O
K L I V F B L D Z J R A G R
O A A N A M T E R T E P P M
S K K D I O D U L P L O R O
T T I S D C N M E B A T E N
I I V C T V I J K A K E L A
A V A U E A O A A K S K O K
J A N C N D V Ž R T A E M V
A N O N J И N I O E C J O E
L E Z E H A D V A R I E J E
L V V P L Y F A Z I J I Y M
V I S I N A F C E J A N E Z
A H A T J Y P A R A S Y H I
```

VISINA	LEK
AKTIVAN	ŽIVACA
BAKTERIJA	KOSTI
KLINICI	KOŽA
LEKAR	STAV
APOTEKE	REFLEKS
GLAD	RELAKSACIJA
PRELOM	TERAPIJA
NAVIKA	TRETMAN
HORMONA	VIRUS

62 - Natureza

```
S  E  J  N  I  T  O  V  I  Ž  E  A  L  P
E  K  L  A  L  G  A  M  U  N  D  E  E  U
R  I  L  J  U  O  I  O  J  J  I  Y  P  S
O  T  U  O  S  S  Y  D  L  B  N  U  O  T
Z  K  J  K  N  M  I  R  N  O  A  S  T  I
I  R  S  O  O  I  A  T  S  Y  M  V  A  N
J  A  H  P  P  B  Š  N  P  И  I  E  И  J
E  B  F  S  U  Č  L  T  A  Y  Č  T  G  I
Š  U  M  A  I  C  E  A  E  G  A  I  J  N
L  I  Š  Ć  E  D  P  L  C  B  N  L  T  L
D  I  V  L  J  A  P  T  E  I  H  I  H  A
T  A  Z  Y  T  R  O  P  S  K  E  Š  A  T
K  F  L  G  L  E  Č  E  R  B  P  T  Z  I
Y  A  V  J  L  H  I  A  M  E  K  E  R  V
```

PČELE	GLEČER
SKLONIŠTE	MAGLA
ŽIVOTINJE	OBLACI
ARKTIK	MIRNO
LEPOTA	REKE
PUSTINJI	SVETILIŠTE
DINAMIČAN	DIVLJA
EROZIJE	SPOKOJAN
ŠUMA	TROPSKE
LIŠĆE	VITALNI

63 - A Empresa

```
P  R  R  S  A  Я  L  I  I  D  A  V  O
K  R  D  A  I  D  P  U  N  M  S  Я  E  A
O  V  O  J  C  M  K  G  V  V  I  G  J  J
P  D  A  I  I  K  A  D  E  R  P  A  N  I
U  O  B  L  Z  M  T  E  S  R  U  S  E  R
G  H  S  I  I  V  U  A  T  Z  T  M  L  T
L  I  I  A  R  T  O  B  I  T  R  O  S  S
E  R  O  Y  O  Z  E  D  C  C  E  G  O  U
D  P  D  V  A  N  T  T  I  Y  N  U  P  D
G  L  O  B  A  L  N  O  J  U  D  Ć  A  N
J  E  D  I  N  I  C  E  A  P  O  N  Z  I
I  N  O  V  A  T  I  V  N  E  V  O  H  M
N  K  R  E  A  T  I  V  N  E  E  S  Z  V
K  I  O  P  O  D  L  U  K  A  S  T  F  Y
```

KREATIVNE	PROIZVOD
ODLUKA	NAPREDAK
ZAPOSLENJE	KVALITET
GLOBALNO	PRIHOD
INDUSTRIJA	RESURSE
INOVATIVNE	UGLED
INVESTICIJA	RIZICI
POSAO	TRENDOVE
MOGUĆNOST	JEDINICE

64 - Aviões

```
A  L  A  T  M  O  S  F  E  R  A  P  J  I
K  V  M  Y  P  R  E  M  H  H  K  R  V  K
P  U  T  N  I  K  R  D  B  B  R  A  I  K
И  A  K  O  F  S  S  N  A  E  O  V  S  O
A  V  A  N  T  U  R  A  L  S  T  C  I  N
S  V  Z  P  T  J  L  E  O  A  O  U  N  S
L  I  A  I  Y  A  J  N  N  A  M  P  U  T
E  S  L  L  T  V  V  O  D  O  N  I  K  R
T  I  I  O  Y  A  C  V  B  O  H  И  I  U
A  N  S  T  B  V  B  B  T  E  G  S  R  K
N  A  D  T  H  U  D  Z  A  V  N  J  S  C
J  R  D  H  F  D  S  G  O  R  I  V  O  I
A  N  U  P  B  A  J  I  R  O  T  S  I  J
И  E  J  I  C  N  E  L  U  B  R  U  T  A
```

VISINU	SILAZAK
VISINA	PRAVCU
VAZDUH	VODONIK
SLETANJA	ISTORIJA
ATMOSFERA	NADUVAVAJU
AVANTURA	MOTOR
BALON	PUTNIK
NEBO	PILOT
GORIVO	POSADE
KONSTRUKCIJA	TURBULENCIJE

65 - Tipos de Cabelo

```
T  M  Y  M  G  S  A  G  D  V  S  I  Z  T
Y  K  Y  P  G  U  D  U  I  B  R  Z  T  U
P  T  J  P  S  V  A  R  D  Z  E  A  P  I
K  F  H  M  C  A  P  A  V  A  B  H  D  P
T  A  L  A  S  A  S  T  A  S  R  R  A  U
V  A  P  R  S  J  A  J  N  A  O  G  U  D
A  V  A  L  P  K  O  V  R  D  Ž  A  V  A
L  O  K  N  E  L  L  M  L  J  B  N  V  A
E  E  A  O  N  L  E  B  O  P  N  V  S  P
Ć  B  N  A  E  K  I  T  N  B  B  D  I  C
U  E  A  R  J  L  I  F  E  H  V  M  V  R
J  D  T  B  O  E  B  Y  K  N  U  E  A  N
J  P  R  J  B  C  Z  P  O  T  I  K  B  A
A  J  B  F  O  R  E  F  Y  E  И  A  R  J
```

BEO	DUGO
SJAJNA	BRAON
LOKNE	TALASASTA
ĆELAV	SREBRO
SIVA	CRNA
OBOJENE	ZDRAV
KOVRDŽAVA	SUVA
TANAK	MEKA
DEBEO	PLETENI
PLAVA	

66 - Formas

```
C P P J K G K N A P P A G T
S P H S R F I O C N A F O R
T I Р И I J N S C V K N O O
R K P E V H O U K K I A B U
A A L D E I A P M C A K T G
N R A I S P G R Y F A E A A
A S R M P E U I R E F S R O
F K K A I R O Z A N R E D V
U V O R L B V M D L J K A J
R G A I E O A E N A K I V E
I C A P T L R L I V R S K L
C И D O U A P E L O U J Y O
P O L I G O N A I O G L U K
O G Y P A U S I C V N L H F
```

LUK
UGAO
CILINDAR
KRUG
KLIP
KOCKA
KRIVE
ELIPSE
SFERI
HIPERBOLA

STRANA
RED
OVALNE
PIRAMIDE
POLIGONA
PRIZME
KVADRAT
PRAVOUGAONIK
TROUGAO

67 - Criatividade

```
E  P  Z  N  N  V  E  Š  T  I  N  A  N  I
Ć  T  S  O  N  Č  I  T  N  E  T  U  A  N
O  B  E  P  R  C  C  M  V  P  M  V  Č  T
N  Z  K  K  O  P  E  D  U  H  A  O  I  E
S  Y  Č  H  K  N  E  J  I  Z  I  V  T  N
A  E  I  N  V  I  T  N  E  V  N  I  A  Z
J  S  N  Z  G  E  Š  A  I  J  N  S  M  I
B  E  T  Z  K  N  A  K  N  Z  T  K  A  T
L  M  E  I  A  O  M  I  C  I  R  T  R  E
R  O  M  P  S  C  A  L  И  Z  P  A  D  T
H  C  U  E  I  O  I  S  U  F  R  V  Z  U
T  I  B  P  T  I  A  J  N  A  Ć  E  S  O
M  J  A  V  U  P  P  P  A  G  U  A  J  A
C  A  I  N  T  U  I  C  I  J  U  S  J  P
```

UMETNIČKE
AUTENTIČNOST
JASNOĆE
DRAMATIČAN
EMOCIJA
SPONTANI
IZRAZ
VEŠTINA
SLIKA

MAŠTE
UTISAK
INTENZITET
INTUICIJU
INVENTIVNI
SENZACIJA
OSEĆANJA
VIZIJE

68 - Dias e Meses

```
P  E  D  N  N  C  A  I  S  P  H  G  T  O
S  R  E  K  A  R  O  T  U  O  A  O  K  C
N  B  A  A  V  J  U  N  B  N  I  D  A  Č
N  E  D  E  L  J  A  U  O  E  D  I  V  E
R  A  B  M  E  V  O  N  T  D  K  N  J  T
A  R  P  B  A  B  Z  A  A  E  A  A  B  V
B  A  N  R  G  V  Z  L  O  L  K  B  J  R
O  B  G  N  I  H  G  P  Z  J  A  И  L  T
T  M  E  D  Y  L  T  U  C  A  L  U  J  A
K  E  S  R  E  D  A  N  S  K  E  V  S  K
O  C  F  E  B  R  U  A  R  T  N  G  R  A
S  E  P  T  E  M  B  A  R  L  D  G  A  T
F  D  O  R  M  E  S  E  C  A  A  F  O  E
Z  И  H  J  A  N  U  A  R  E  R  O  G  P
```

APRIL	MESECA
AVGUST	NOVEMBAR
GODINA	OKTOBAR
KALENDAR	SREDA
DECEMBAR	ČETVRTAK
SUBOTA	PONEDELJAK
FEBRUAR	NEDELJA
JANUAR	SEPTEMBAR
JUL	PETAK
JUN	UTORAK

69 - Saúde e Bem Estar #2

```
H  T  D  F  Z  E  J  S  C  A  A  E  B  K
I  E  I  T  D  D  A  K  T  G  H  N  O  O
G  L  J  V  Z  P  R  C  S  V  D  E  L  P
I  O  E  Y  Y  N  U  A  D  Y  И  R  N  O
J  A  T  S  E  L  O  B  V  L  E  G  I  R
E  R  A  U  E  K  G  E  K  R  V  I  C  A
N  E  N  E  J  I  G  R  E  L  A  J  A  V
E  K  F  Y  I  E  J  I  M  O  T  A  N  A
A  I  T  K  C  K  A  L  O  R  I  J  A  K
P  T  I  A  K  I  R  V  I  T  A  M  I  N
И  E  J  N  E  Ž  O  L  O  P  S  A  R  C
P  N  J  C  F  V  A  R  E  N  J  E  Z  B
T  E  Ž  I  N  A  Ž  A  S  A  M  T  Z  R
T  G  K  P  I  A  P  E  T  I  T  T  V  K
```

ALERGIJE	HIGIJENE
ANATOMIJE	BOLNICA
APETIT	RASPOLOŽENJE
KALORIJA	INFEKCIJE
TELO	MASAŽA
DIJETA	TEŽINA
VARENJE	OPORAVAK
BOLEST	KRV
ENERGIJA	ZDRAV
GENETIKE	VITAMIN

70 - Geografia

```
H P L A N I N E E R O M K И
T E M И O S A K K L A E O V
E T M V P Z E E V I N D N I
R A I I Y J K R A P A M T S
I P D P S E O K T R J N I I
T B C P S F J И O E I A N N
O Y I H H M E U R G D A E U
R B H H J U G R H I I K N Z
I N H Z O N M C E O R M T E
J D I A P S Z I Z N E E S M
E G D P R V T D T A M K N L
I R S A L T A R E V E S J J
S H D D A R G E V Y C I H U
Z J H J J R L P S O F F K P
```

VISINU
ATLAS
GRAD
KONTINENT
EKVATOR
HEMISFERE
OSTRVO
MAPA
MORE
MERIDIJAN

PLANINE
SVET
SEVER
OKEAN
ZAPAD
ZEMLJU
REGIONA
REKE
JUG
TERITORIJE

71 - Antártica

```
G  U  J  N  E  Ž  U  R  K  O  L  D  J  P
G  L  D  U  O  Z  Č  H  O  B  L  U  M  A
E  T  E  E  И  F  A  L  N  U  P  V  E  O
O  E  L  Č  F  G  V  U  T  B  E  J  J  F
G  M  S  D  E  I  I  N  I  V  G  N  I  P
R  P  K  E  P  R  Ž  P  N  A  L  P  C  M
A  E  O  J  A  L  A  R  E  N  I  M  I  I
F  R  V  N  C  P  R  P  N  D  B  A  D  G
I  A  V  A  T  Y  T  U  T  G  S  P  E  R
J  T  O  V  R  T  S  O  U  L  O  P  P  A
E  U  D  U  T  A  I  R  O  K  I  F  S  C
A  R  A  Č  N  A  U  Č  N  E  M  J  K  I
O  A  U  O  E  B  H  K  D  G  J  B  E  J
J  E  O  S  T  R  V  A  G  Z  V  P  V  E
```

OKRUŽENJU
VODA
BEJ
NAUČNE
OČUVANJE
KONTINENT
KOV
EKSPEDICIJE
GLEČERA
LED

GEOGRAFIJE
OSTRVA
ISTRAŽIVAČ
MIGRACIJE
MINERALA
POLUOSTRVO
PINGVINI
ROKI
TEMPERATURA

72 - Flores

```
B Z D E I G D F U V P U K F
J S T A S T E R K O C N U S
M A Ž U R U J D N F S Y И A
A K S L U J Z D V A L A L И
S A M M A C I T A L N J J R
L M H Z I G A R D E N I J A
A L I N K N U R D A R F J
Č A B A G G I Ž K Z M E L E
A V I E J I L O N G A M I D
K A S N H H E B B J V U L I
R N K S S G T H J U B L I H
P D U M A A E R P И K P M R
C E S B C N D O A V A E S O
S J O R G O V A N N A A T J
```

BUKET
MASLAČAK
GARDENIJA
SUNCOKRET
HIBISKUS
JASMIN
LAVANDE
JORGOVAN
LILI
MAGNOLIJE

DEJZI
ORHIDEJA
MAKA
BOŽUR
LATICA
PLUMERIJA
RUŽA
DETELINA
LALA

73 - Fazenda #1

```
Đ  L  J  E  L  E  T  I  F  P  G  A  L  F
L  U  T  D  B  A  Z  O  K  A  P  V  T  M
S  D  B  E  H  J  M  A  G  A  R  A  C  K
P  I  И  R  S  N  S  E  N  O  V  R  U  T
Z  V  J  V  I  I  Z  И  M  T  O  K  H  P
C  H  N  I  U  V  K  O  N  J  D  T  Z  O
H  E  I  R  E  S  A  P  R  G  A  T  A  L
V  Z  R  P  T  A  L  P  M  A  Č  K  A  J
R  U  U  O  M  T  E  I  T  P  U  O  T  E
A  J  G  J  E  R  Č  L  V  O  D  G  F  Z
N  I  B  L  S  I  P  E  L  V  A  R  M  B
A  N  D  O  P  I  R  I  N  A  Č  A  E  J
G  G  L  P  A  T  J  C  V  A  A  D  D  F
J  I  T  S  И  P  A  A  N  C  И  E  B  J
```

PČELA

POLJOPRIVREDE

PIRINAČ

VODA

TELE

MAGARAC

KOZA

POLJE

KONJ

PAS

OGRADE

VRANA

SENO

ĐUBRIVA

PILE

MAČKA

MED

SVINJA

JATO

KRAVA

74 - Livros

```
S  T  R  A  G  I  Č  N  E  E  I  L  I  F
N  T  S  O  N  J  O  V  D  P  N  S  S  F
K  S  R  F  C  B  И  И  E  S  V  C  T  S
K  O  E  A  S  I  A  S  C  K  E  L  O  M
E  N  L  R  N  A  M  O  R  E  N  P  R  U
И  T  N  E  I  A  G  I  C  P  T  T  I  A
H  N  Y  Z  K  J  E  N  C  Y  I  S  J  V
P  A  Y  H  A  C  A  Z  A  P  V  K  S  A
E  V  D  N  A  S  I  P  A  N  N  E  K  N
S  E  P  R  I  Č  A  J  O  T  I  T  I  T
M  L  N  N  T  R  O  T  A  R  A  N  K  U
A  E  J  I  Z  E  O  P  A  U  T  O  R  R
K  R  Č  I  T  A  Č  S  K  A  N  K  T  A
J  R  K  N  J  I  Ž  E  V  N  E  E  Z  I
```

AUTOR
AVANTURA
KOLEKCIJA
KONTEKST
DVOJNOST
NAPISAN
EPSKE
PRIČA
ISTORIJSKI
INVENTIVNI

ČITAČ
KNJIŽEVNE
NARATOR
STRANA
PESMA
POEZIJE
RELEVANTNO
ROMAN
SERIJA
TRAGIČNE

75 - Chocolate

```
B  I  O  E  A  Š  F  G  J  A  K  K  U  G
U  A  M  I  G  S  E  T  И  V  O  A  K  K
K  L  I  S  E  Z  A  Ć  T  M  K  K  U  I
U  M  L  A  E  B  O  S  E  Y  O  A  S  K
S  D  J  D  E  P  F  T  T  R  S  O  N  I
Z  L  E  M  A  R  A  K  I  O  A  H  O  R
M  Z  N  A  K  R  U  F  L  Č  J  M  J  I
И  V  I  И  R  F  U  V  A  I  N  A  O  K
Y  O  Y  A  O  A  J  B  V  U  O  E  K  I
O  A  U  R  G  M  S  S  K  G  R  C  T  U
K  A  L  O  R  I  J  A  G  T  P  R  A  C
P  R  A  H  R  E  C  E  P  T  P  A  L  R
V  T  Z  A  N  A  T  S  K  I  U  И  S  U
Z  C  N  E  F  Z  A  R  O  M  E  J  F  C
```

ŠEĆERA	UKUSNO
GORKA	SLATKO
KIKIRIKI	EGZOTIČNE
AROME	OMILJENI
ZANATSKI	UKUS
KAKAO	SASTOJAK
KALORIJA	PRAH
KARAMEL	KVALITET
KOKOS	RECEPT

76 - Governo

```
P N G S L O B O D E T T S N
T O U O O T V O E V A V I A
A K L J V A T S U A V И M C
H A U I I O Z Z D Ž T L B I
C Z J V T Z R P S R S G O O
N R P C A I Y V U D N U L N
N A C I J E K A D V A R P A
L B G T B Y J E S C J K B L
N I P M H T Y B K I L O И N
M L D S D Y I M E V V S U A
P B P E K B H E R I A S H H
N U T O R T Y R N L Ž R B K
D I S K U S I J E N R B C P
S P O M E N I K V I D C Z M
```

DRŽAVLJANSTVA
CIVILNI
USTAV
GOVOR
DISKUSIJE
OKRUG
DRŽAVE
SUDSKE
PRAVDA

ZAKON
SLOBODE
LIDER
SPOMENIK
NACIONALNA
NACIJE
POLITIKE
SIMBOL

77 - Jardinagem

```
J  S  P  I  C  L  I  Š  Ć  E  S  E  B  R
G  F  G  I  R  R  S  V  S  N  E  G  U  U
N  I  E  K  V  E  E  N  R  I  Z  A  K  G
C  J  N  Č  S  N  C  V  L  T  O  L  E  V
T  A  Č  I  P  J  H  M  O  Š  N  V  T  R
Z  F  I  N  T  E  V  C  B  V  S  O  S  S
K  M  T  A  C  T  C  H  A  A  K  D  I  T
O  N  O  T  T  N  B  И  Z  J  I  A  L  E
M  K  Z  O  L  O  L  B  U  L  L  Y  H  M
P  O  G  B  P  K  T  L  H  R  И  M  T  E
O  I  E  C  V  E  T  Z  J  P  K  R  E  S
S  U  Y  M  J  E  S  T  I  V  O  P  Z  Z
T  B  K  L  I  M  A  A  Y  J  M  P  I  И
V  O  Ć  N  J  A  K  C  S  P  U  N  A  P
```

VODA	LIST
BOTANIČKI	LIŠĆE
BUKET	CREVO
KLIMA	VOĆNJAK
JESTIVO	KONTEJNER
KOMPOST	SEZONSKI
VRSTE	SEME
EGZOTIČNE	ZEMLJA
CVET	PRLJAVŠTINE
CVETNI	VLAGE

78 - Profissões #2

```
I  H  L  I  N  G  V  I  S  T  A  V  P  J
N  L  I  B  I  B  L  I  O  T  E  K  A  R
Ž  G  E  R  A  S  T  R  O  N  A  U  T  A
E  F  A  K  U  V  N  N  H  A  A  M  N  P
N  V  A  K  A  R  D  S  H  И  G  O  R
J  T  M  N  V  R  G  M  F  O  T  B  V  O
E  G  J  P  F  A  R  G  O  T  O  F  I  N
R  J  B  I  O  L  O  G  Z  Š  L  H  N  A
S  V  L  U  T  V  A  И  O  A  I  O  A  L
L  Z  Y  E  G  И  A  A  L  B  P  Z  R  A
I  U  I  S  T  R  A  Ž  I  V  A  Č  R  Z
K  B  D  T  A  I  C  P  F  F  F  O  K  A
A  A  L  F  H  I  Č  F  A  R  M  E  R  Č
R  R  O  M  I  P  C  U  Z  O  O  L  O  G
```

FARMER	ISTRAŽIVAČ
ASTRONAUTA	BAŠTOVAN
BIBLIOTEKAR	NOVINAR
BIOLOG	LINGVISTA
HIRURG	LEKAR
ZUBAR	PILOT
INŽENJER	SLIKAR
FILOZOF	UČITELJ
FOTOGRAF	ZOOLOG
PRONALAZAČ	

79 - Negócios

```
A  D  O  B  I  T  T  S  O  M  A  F  E  Z
V  R  U  M  K  E  H  K  T  C  B  M  Z  A
V  A  C  R  И  L  C  И  R  P  P  Z  F
A  D  U  K  G  O  N  E  L  S  O  P  A  Z
L  N  E  K  O  N  O  M  I  J  E  Š  P  A
U  J  U  J  K  A  R  I  J  E  R  A  K  И
T  U  F  I  N  A  N  S  I  J  A  P  C  A
E  B  O  R  K  C  E  Z  T  V  Z  O  B  P
K  A  N  C  E  L  A  R  I  J  E  P  U  R
A  J  I  N  A  P  M  O  K  P  R  U  D  O
F  B  U  D  E  V  C  N  T  C  O  S  Ž  D
M  H  P  F  N  D  O  H  I  R  P  T  E  A
F  A  B  R  I  K  E  N  И  T  I  G  T  J
I  N  V  E  S  T  I  C  I  J  A  P  G  A
```

KARIJERA	POREZ
TROŠKA	INVESTICIJA
POPUST	RADNJU
NOVAC	DOBIT
EKONOMIJE	ROBE
ZAPOSLENOG	VALUTE
KOMPANIJA	BUDŽET
KANCELARIJE	PRIHOD
FABRIKE	PRODAJA
FINANSIJA	

80 - Fazenda #2

```
Ž I V O T I N J E L F F P K
Y V G F U E G T M A И C Y U
R K H J S R U D R И Y P B K
N A И O D A T B A И J И G U
E J N A V A J N D O V A N R
Ć N D F A C I N Š O K D A U
O Ć R K A Y E L E R Z A M Z
V O C M T R S H M O Y V B T
M V J P Y T M A A T Y I A A
O D M A Č E J E L V R L R M
B A K N G P A Ć R V O P Y L
Y Z G V U N T R A K T O R E
P A S T I R J H J H Y I F K
P Š E N I C E E P A T K A A
```

FARMER	ZRELE
ŽIVOTINJE	KUKURUZ
AMBAR	OVCE
JEČAM	PASTIR
KOŠNICA	PATKA
JAGNJE	VOĆNJAK
VOĆE	LIVADA
NAVODNJAVANJE	TRAKTOR
MLEKA	PŠENICE
LAME	POVRĆA

81 - Jardim

```
V  J  G  H  O  И  R  I  U  И  H  D  R  G
T  B  P  P  N  J  A  V  F  И  Y  R  J  G
K  L  U  P  A  E  P  H  E  L  R  V  R  S
K  P  J  J  L  Z  Z  S  F  J  И  O  N  K
F  B  V  P  I  E  N  V  O  Ć  N  J  A  K
A  F  O  V  E  R  C  V  E  T  E  C  J  A
U  S  Z  B  C  U  O  G  R  A  D  E  L  J
G  R  A  B  L  J  E  G  T  V  Z  E  M  N
V  C  J  R  U  J  A  И  A  A  D  R  E  V
I  E  K  T  E  L  T  B  S  R  G  L  Z  A
S  И  D  И  D  T  R  K  A  T  A  F  Y  R
E  M  P  U  A  Z  E  M  И  Š  C  Ž  G  T
Ć  N  I  L  O  P  M  A  R  T  T  E  A  A
A  T  A  P  O  L  H  A  G  R  M  A  A  V
```

GRABLJE	JEZERU
GRM	VISEĆA
DRVO	CREVO
KLUPA	LOPATA
OGRADE	VOĆNJAK
CVET	ZEMLJA
GARAŽA	TERASA
TRAVA	TRAMPOLIN
TRAVNJAK	TREM
BAŠTA	VAJN

82 - Oceano

```
H  J  И  И  V  K  K  V  A  R  H  V  J  N
F  I  T  U  N  A  R  U  N  I  Y  V  E  J
G  B  I  D  D  Z  R  A  V  B  S  F  G  T
Č  I  K  P  P  U  D  J  B  E  O  T  U  C
L  A  R  O  K  D  K  U  E  A  B  H  L  N
T  O  M  K  Z  E  G  L  A  O  F  O  J  P
И  S  L  A  O  M  F  O  K  G  Y  B  A  D
C  Z  N  U  C  R  P  L  I  M  E  O  S  E
S  U  N  Đ  E  R  N  D  I  Y  U  T  Š  L
I  T  E  Y  H  G  V  J  K  J  U  N  K  F
D  T  B  A  H  P  Y  P  A  H  M  I  A  I
H  N  E  B  A  A  R  E  L  Č  V  C  M  N
Y  K  R  F  A  J  K  U  L  A  A  E  P  C
R  A  G  I  R  T  S  O  S  J  I  J  I  P
```

ALGE	PLIME
TUNA	MEDUZA
KIT	OSTRIGA
ČAMAC	RIBE
ŠKAMPI	HOBOTNICE
KRABA	GREBEN
KORAL	SO
JEGULJA	KORNJAČA
SUNĐER	OLUJA
DELFIN	AJKULA

83 - Profissões #1

```
P R U K I N Č U A N N И K V
O L I S R A T A L Z U I I A
A L E C B O S E S T R A Y T
M O K S M Z J K S P Z И N R
B V I K A U T A K O V D A O
A A N K P Č Z M Č A L P T G
S C T C Z O I I F A V S S A
A G E O L O G C Č F T I I S
D T M M B U N A A A E H N A
O N U U R E D N I K R O A C
R A S T R O N O M K T L J F
B A N K A R И M K Y T O I A
A E I M O R N A R J D G P И
L K U K A R T O G R A F M C
```

ADVOKAT
KROJAČ
UMETNIK
ASTRONOM
BANKAR
VATROGASAC
LOVAC
KARTOGRAF
NAUČNIK
PLESAČICA

UREDNIK
AMBASADOR
SESTRA
GEOLOG
ZLATAR
MORNAR
MUZIČAR
PIJANISTA
PSIHOLOG

84 - Força e Gravidade

```
I  P  M  A  G  N  E  T  I  Z  A  M  M  S
P  Y  L  Z  P  Z  J  C  Y  M  J  B  E  V
R  U  U  A  C  O  N  E  P  J  N  R  H  O
I  D  N  E  N  U  K  C  E  A  E  Z  A  J
T  A  I  K  A  E  U  R  P  C  R  I  N  S
I  L  V  Š  Ć  T  L  E  I  T  N  I  T
S  J  E  P  I  I  I  E  N  T  Z  A  K  V
A  E  R  A  M  R  B  N  O  U  U  M  E  A
K  N  Z  N  A  K  R  A  T  N  E  C  A  Y
R  O  A  Z  N  T  O  N  H  S  M  O  H  J
P  S  L  I  I  O  P  I  Y  V  E  A  S  B
O  T  N  J  D  G  K  Ž  K  T  R  E  Y  V
M  S  A  A  U  D  И  E  M  C  V  U  L  I
F  B  E  C  Y  G  A  T  F  I  Z  I  K  E
```

TRENJA
CENTAR
OTKRIĆE
DINAMIČAN
UDALJENOST
OSE
EKSPANZIJA
FIZIKE
UTICAJ
MAGNETIZAM

MEHANIKE
POKRETU
ORBITU
TEŽINA
PLANETE
PRITISAK
SVOJSTVA
BRZINA
VREME
UNIVERZALNA

85 - Abelhas

```
C O B N B S J D U A L I R K
N N A U B U E Ć O V R C A N
L H Š U S N C P S E P O Z K
J O T L L C I G E S M N N T
Z N A C Y E N A T S I R O K
J P I U V P Š C Š И D S L E
P O L E N V O I I M E D I S
R O J P P P K J N I J R K N
C V E Ć E J E L A V E A O I
I N V I I L P A T O Z K S S
B I L J K E A R S S C M T V
И B L F Y L K K T A U V A B
E K O S I S T E M K B N E U
I C K C M R J M E D C P L T
```

KRILA	DIM
KORISTAN	STANIŠTE
VOSAK	INSEKT
KOŠNICE	BAŠTA
RAZNOLIKOST	MED
EKOSISTEM	BILJKE
ROJ	POLEN
CVET	KRALJICA
CVEĆE	SUNCE
VOĆE	

86 - Ciência

```
H  T  P  E  E  N  A  M  R  S  Z  O  P  E
E  E  D  R  J  P  T  E  I  H  A  R  O  V
M  J  D  Č  I  D  O  T  J  I  Y  G  D  O
I  N  K  E  C  R  M  O  Y  P  N  A  A  L
J  A  L  S  A  D  O  D  R  O  K  N  T  U
S  R  S  T  T  P  U  D  A  T  K  I  A  C
K  T  T  I  I  D  E  F  A  E  B  Z  K  I
E  A  V  C  V  H  O  D  A  Z  S  M  A  J
E  M  A  E  A  F  И  G  Z  E  G  A  C  E
F  S  R  V  R  K  S  A  F  I  Z  I  K  E
D  O  I  D  G  L  B  I  L  J  K  E  P  H
I  P  S  J  K  I  N  Č  U  A  N  R  И  O
K  S  U  I  F  M  M  O  L  E  K  U  L  A
N  J  G  A  L  A  R  E  N  I  M  K  P  P
```

ATOM	METOD
NAUČNIK	MINERALA
KLIMA	MOLEKULA
PODATAKA	PRIRODA
EVOLUCIJE	POSMATRANJE
STVARI	ORGANIZMA
FIZIKE	ČESTICE
FOSIL	BILJKE
GRAVITACIJE	HEMIJSKE
HIPOTEZE	

87 - Comida #1

```
A  S  K  I  K  I  R  I  K  I  B  P  R  S
P  O  Š  E  Ć  E  R  A  U  U  O  F  K  A
E  T  P  O  V  A  M  Z  L  S  S  M  U  L
J  E  Č  A  M  J  A  L  M  U  I  M  L  A
S  B  I  N  P  B  A  S  D  P  L  K  I  T
L  P  H  U  M  E  O  G  I  A  J  K  L  A
I  T  A  T  N  P  R  U  O  P  A  P  E  R
M  O  K  N  T  V  L  A  R  D  K  S  B  V
U  И  U  E  A  N  E  K  G  O  A  O  B  K
N  B  V  T  P  Ć  P  E  I  R  J  K  K  C
M  Y  J  O  V  A  M  L  I  A  A  B  G  V
K  Y  R  R  I  C  I  M  A  F  B  Š  O  И
J  T  D  T  E  M  I  C  K  E  Y  H  E  B
P  N  O  A  K  A  J  S  I  J  E  C  S  I
```

ŠEĆERA	SPANAĆ
BELI LUK	MLEKA
KIKIRIKI	LIMUN
TUNA	BOSILJAK
TORTA	JAGODA
CIMET	REPA
LUK	SO
ŠARGAREPA	SALATA
JEČAM	SUPA
KAJSIJE	SOK

88 - Geometria

```
O H O R I Z O N T A L N E P
A B J E D N A Č I N A K K O
O N R S T H K T И J B R I V
T C N A A O R E U Y B I N R
S E R M Č R U C B И T V Č Š
P I O A G U G P J I U E E I
R O M R Z T N E M G E S R N
O T P E I N L E L A R A P A
C P H K T J M E D I J A N A
E S Z I Y R E T R O U G A O
N S E G L M I V I S I N A A
A Z S O U A И J O J J C Z O
T Z L L P I I S A D D J G Y
D I M E N Z I J U Z И И I A
```

VISINA
UGAO
OBRAČUN
KRUG
KRIVE
PREČNIK
DIMENZIJU
JEDNAČINA
HORIZONTALNE
LOGIKE

MASE
MEDIJANA
PARALELNI
PROCENAT
SEGMENT
SIMETRIJA
POVRŠINA
TEORIJE
TROUGAO

89 - Pássaros

```
P V H P V N A F M Z I V G И
A R Y N A K U T P T S R O A
T A D O R U M L S A H O L V
K P F G L M N O L A K S U G
A C R L C I K N A A Z T B N
F A A L A F И И B H E R O N
E J A J H M M S U P K I B A
E A И K I P I V D I P L A K
B G E J K A P N K L N G C I
U A M L N O S O G E O A M L
A P I N G V I N R O J L Z E
I A A E И P R N D A A E K P
Y P T P H И I Z N V O B L I
K U K A V I C A V R A N A U
```

NOJA
ORAO
RODA
LABUD
VRANA
KUKAVICA
FLAMINGO
PILE
GALEB
GUSKA

HERON
JAJE
PAPAGAJ
VRAPCA
PATKA
PAUN
PELIKAN
PINGVIN
GOLUB
TUKAN

90 - Literatura

```
S H K Y I A B K H Z T Z F A
T T И G И D I J A L O G I N
E Y I P O R E Đ E N J E K A
M J B L U Y E M P N G E C L
A R O F A T E M I R K J I I
J R I T A M J P B R A I J Z
I E A U T O R T M И Č D A A
F A N E G D O T A U U E C L
A U R N N O N S F R J G F F
R P E S M A J I G O L A N A
G A M G C J M P D T K R T P
O I F A G J E O F K A T A B
I N A R A T O R R U Z V N H
B M I Š L J E N J E K K V E
```

ANALOGIJA
ANALIZA
ANEGDOTA
AUTOR
BIOGRAFIJA
POREĐENJE
ZAKLJUČAK
OPIS
DIJALOG
STIL

FIKCIJA
METAFORA
NARATOR
MIŠLJENJE
PESMA
RIME
RITAM
ROMAN
TEMA
TRAGEDIJE

91 - Química

```
K  I  N  O  E  S  I  K  T  A  Z  M  C  M
K  I  N  E  J  L  G  U  K  E  B  E  J  И
A  Z  S  E  И  M  S  B  A  M  Ž  K  N  G
G  Z  A  E  D  T  G  E  T  O  O  I  S  O
C  P  G  B  L  B  J  N  A  L  R  F  N  S
J  Y  P  G  P  I  N  R  L  E  G  M  P  A
G  O  Č  E  T  N  A  I  K  A  D  B  E
I  T  N  E  M  E  L  E  Z  U  N  И  H  L
V  A  C  N  G  T  И  L  A  L  S  U  O  E
T  P  M  Z  F  O  O  K  T  N  K  P  J  K
U  A  A  I  A  L  H  U  O  A  I  I  U  T
G  T  N  M  J  P  T  N  R  O  L  H  O  R
D  Z  A  F  U  O  A  L  K  A  L  N  E  O
Z  I  H  V  R  T  V  O  D  O  N  I  K  N
```

ALKALNE
KISELINE
TOPLOTE
UGLJENIK
KATALIZATOR
HLOR
ELEMENTI
ELEKTRON
ENZIM
GAS

VODONIK
JON
TEČNOG
MOLEKUL
NUKLEARNE
ORGANSKI
KISEONIK
TEŽINA
SO

92 - Clima

```
T  R  O  P  S  K  E  J  N  U  M  T  И  P
P  T  E  M  P  E  R  A  T  U  R  A  K  P
O  O  K  R  D  Z  C  L  L  K  T  U  G  L
V  Z  L  A  N  I  V  A  J  L  M  R  G  P
E  A  I  L  L  T  T  M  R  G  A  I  N  O
T  И  M  G  S  B  L  J  H  U  P  G  C  L
A  N  A  J  U  L  O  B  E  N  L  E  D  A
R  A  L  U  Y  R  P  D  C  U  M  S  V  R
A  G  G  P  И  Z  A  K  A  S  P  U  E  N
C  A  A  E  Y  H  E  P  A  N  Z  Š  T  I
D  R  M  Y  S  J  J  T  B  O  R  E  A  C
Y  U  Z  A  U  V  N  J  P  M  A  O  R  F
C  K  G  T  V  V  S  A  Z  C  E  V  T  H
P  N  P  A  A  R  E  F  S  O  M  T  A  F
```

DUGA	POLARNI
ATMOSFERA	MUNJE
POVETARAC	SUŠE
NEBO	SUVA
KLIMA	TEMPERATURA
URAGAN	OLUJA
LED	TORNADO
MONSUN	TROPSKE
MAGLA	GRMLJAVINA
OBLAK	VETAR

93 - Arte

```
O R I G I N A L N E V Y K L
N E R K S I T B C C V S E I
I A I N S P I R I S A N R Č
S H V S P O E Z I J E I A N
T S K A K O N N T E T И M I
V A O P T U F G U E E U I S
O S M O I S L Z K O M C Č I
R T P R Z L O P K I O A K M
I A L T R I J N T I G A E B
T V E R A K O B D U K M B O
I I K E Z E Z E L E R M V L
D H S T N J M A Y K J E U L
T R J N A D R E A L I Z A M
R A S P O L O Ž E N J E A P
```

KERAMIČKE   ORIGINALNE
KOMPLEKS   LIČNI
SASTAV   SLIKE
STVORITI   POEZIJE
SKULPTURE   PORTRET
IZRAZ   JEDNOSTAVAN
ISKREN   SIMBOL
RASPOLOŽENJE   TEMA
INSPIRISAN   NADREALIZAM

94 - Diplomacia

```
H  I  P  D  V  O  D  F  A  S  R  J  U  T
A  N  O  I  M  L  O  I  N  A  E  B  G  Z
R  T  L  P  V  O  A  G  A  R  Š  P  O  D
R  E  I  L  A  Z  K  D  Đ  A  E  R  V  I
E  G  T  O  B  J  I  V  A  D  N  A  O  S
Z  R  I  M  O  P  Z  O  R  N  J  V  R  K
O  I  K  A  K  G  E  A  G  J  E  D  A  U
L  T  E  U  J  J  C  E  A  V  A  V  S
U  E  O  S  S  I  G  U  R  N  O  S  T  I
C  T  E  K  A  M  B  A  S  A  D  O  R  J
I  F  T  E  D  A  S  A  B  M  A  F  F  E
J  T  I  Z  A  J  E  D  N  I  C  A  S  Z
A  E  K  I  N  T  E  V  A  S  O  A  B  T
D  N  E  H  U  M  A  N  I  T  A  R  N  E
```

GRAĐANA	VLADA
ZAJEDNICA	HUMANITARNE
SUKOBA	INTEGRITET
SAVETNIK	PRAVDA
SARADNJA	JEZIKA
DIPLOMATSKE	POLITIKE
DISKUSIJE	REZOLUCIJA
AMBASADE	SIGURNOST
AMBASADOR	REŠENJE
ETIKE	UGOVORA

95 - Comida # 2

```
Z  F  M  N  A  I  H  F  N  A  V  B  A  P
N  V  И  B  A  C  T  A  I  F  I  A  R  I
L  P  A  N  A  V  I  J  L  G  Š  D  T  R
T  N  A  D  A  L  O  K  O  Č  N  E  I  I
K  M  K  R  P  O  V  R  K  V  J  M  Č  N
O  K  N  D  A  P  V  A  O  G  E  D  O  A
P  P  U  V  T  L  Š  P  R  I  S  E  K  Č
Y  A  Š  F  L  R  E  E  B  I  R  A  E  L
Z  A  D  A  I  Z  U  L  N  V  O  A  L  P
H  P  R  A  D  Z  A  G  P  I  H  P  I  H
F  R  M  P  Ž  J  G  V  O  K  C  R  P  O
A  K  U  B  A  J  A  G  M  J  K  E  L  A
O  B  A  N  N  L  A  J  G  R  O  Ž  Đ  A
P  A  R  A  D  A  J  Z  E  N  A  N  A  B
```

ARTIČOKE	JOGURT
BADEM	KIVI
PIRINAČ	JABUKA
BANANE	JAJE
PATLIDŽAN	RIBE
BROKOLI	ŠUNKA
VIŠNJE	SIR
ČOKOLADA	PARADAJZ
GLJIVA	PŠENICE
PILE	GROŽĐA

96 - Universo

```
E N R A L O S B D Z J U Y H
S A O E R E F S I M E H G O
O G И E M O S E P O S P T R
G I K P D A И J A N G L E I
Z B O D O N T I R O Z H L Z
N И S C E S E M P R S D E O
V I M O V V J O O T M I S N
E F I A I C C N K S J O K T
K R Č M J A C O S A F R O P
V И K V L G C R E N V E P A
A T E A D F E T B E D T R H
T O R B I T U S E B I S E A
O G E M V A N A N O I A U E
R S O L S T I C I J A A M T
```

ASTEROID
ASTRONOMIJE
ASTRONOM
ATMOSFERA
NEBESKO
NEBO
KOSMIČKE
EON
EKVATOR

HEMISFERE
HORIZONT
NAGIB
MESEC
ORBITU
SOLARNE
SOLSTICIJA
TELESKOP
VIDLJIVE

97 - Jazz

```
N  G  D  K  B  E  T  A  N  Z  O  P  S  T
C  O  H  A  U  M  R  K  M  T  R  И  T  A
Z  A  V  S  B  B  E  I  B  S  K  A  A  L
Z  U  A  A  N  S  C  N  H  F  E  V  R  E
J  A  T  L  J  M  N  H  A  T  S  P  I  N
C  A  S  G  E  P  O  E  A  H  T  И  Z  A
J  C  A  A  V  A  K  T  F  R  A  F  И  T
K  A  S  N  I  R  I  T  A  M  R  N  A  Ž
I  M  P  R  O  V  I  Z  A  C  I  J  E  N
N  U  C  C  Z  I  S  L  P  C  H  U  M  H
T  B  Z  E  Z  P  M  T  M  U  Z  I  K  A
E  L  U  M  A  H  P  I  I  A  G  R  N  C
M  A  T  I  R  O  V  A  F  L  A  F  N  Z
U  P  U  P  K  O  M  P  O  Z  I  T  O  R
```

UMETNIK	FAVORITA
ALBUM	ŽANR
BUBNJEVI	IMPROVIZACIJE
PESMA	MUZIKA
SASTAV	NOVA
KOMPOZITOR	ORKESTAR
KONCERT	RITAM
STIL	TALENAT
NAGLASAK	TEHNIKA
POZNAT	STARI

98 - Barcos

```
D  S  P  L  A  V  P  L  T  I  L  T  G  I
R  O  T  O  M  B  M  G  A  U  U  R  M  A
K  R  K  H  C  O  S  K  L  L  L  G  C  Y
E  E  E  S  A  V  G  M  A  L  G  S  A  H
J  Z  J  M  I  A  M  C  S  O  N  G  I  I
P  E  A  U  N  D  Y  A  A  B  A  R  K  N
B  J  R  Y  P  K  R  A  N  R  O  M  O  M
U  A  T  E  D  A  S  O  P  A  S  F  C  O
K  A  J  A  K  N  O  T  T  J  E  A  A  R
C  D  P  D  Y  U  T  A  D  O  M  K  P  E
A  J  A  H  T  E  K  E  R  I  I  I  O  P
B  N  A  U  T  I  Č  K  I  H  L  N  N  C
Y  N  R  Z  B  I  A  J  T  L  P  D  O  P
K  K  G  Z  A  V  V  A  R  N  I  Y  K  R
```

SIDRO	MORE
TRAJEKT	PLIME
BOVA	MORNAR
KAJAK	JARBOL
KANU	MOTOR
KONOPAC	NAUTIČKIH
DOK	OKEAN
JAHTE	TALASA
SPLAV	REKE
JEZERO	POSADE

99 - Mamíferos

```
F  A  F  A  R  I  Ž  P  N  K  D  Y  N  U
E  G  J  K  L  K  T  A  Y  O  E  N  И  M
U  T  N  Č  K  I  G  S  Z  N  L  C  E  Z
R  C  Z  A  A  T  R  N  K  J  F  Y  V  A
V  J  E  M  M  U  U  O  J  Y  I  G  A  O
U  L  Y  V  I  Y  G  P  G  S  N  O  L  S
K  I  B  I  L  U  N  L  R  Y  U  L  B  S
B  M  F  O  E  D  E  J  A  Y  M  M  T  L
K  Z  E  B  R  A  K  I  A  N  J  S  A  P
A  O  D  A  B  A  R  V  O  G  A  A  I  C
I  Y  J  R  C  P  M  B  D  R  M  G  J  K
U  E  U  O  R  G  G  L  T  P  C  S  Y  J
Z  Z  Y  P  T  P  G  B  V  P  I  C  P  O
A  A  R  И  G  A  C  I  S  I  L  P  H  O
```

KIT	ŽIRAFA
KAMILE	DELFIN
KENGUR	GORILA
DABAR	LAV
KONJ	VUK
PAS	MAJMUN
ZEC	OVCE
KOJOTA	LISICA
SLON	BIK
MAČKA	ZEBRA

100 - Atividades e Lazer

```
H  O  B  I  J  E  I  T  A  V  O  T  U  P
B  I  V  O  P  U  Š  T  A  J  U  Ć  E  L
O  K  D  T  S  O  N  T  E  M  U  H  R  A
K  R  E  R  S  B  E  J  Z  B  O  L  O  N
S  E  J  M  A  N  L  T  E  N  I  S  N  I
E  J  N  U  K  R  A  Š  O  K  Z  B  J  N
C  N  A  G  J  H  B  V  N  C  D  A  E  A
G  A  V  G  O  T  D  R  O  M  Y  V  N  R
E  V  I  E  B  K  U  I  I  T  A  D  J  E
G  O  L  F  D  T  F  P  P  B  Š  D  E  N
R  P  P  U  O  L  D  P  O  P  O  A  O  J
И  M  D  V  H  F  P  Z  P  P  I  L  B  E
T  A  S  U  R  F  O  V  A  N  J  E  O  H
A  K  U  N  S  L  I  K  U  Y  N  P  J  V
```

KAMPOVANJE	RONJENJE
UMETNOST	PLIVANJE
KOŠARKU	RIBOLOV
BEJZBOL	SLIKU
BOKS	OPUŠTAJUĆE
PLANINARENJE	SURFOVANJE
FUDBAL	TENIS
GOLF	PUTOVATI
HOBIJE	ODBOJKA
BAŠTOVANSTVO	

1 - Dirigindo

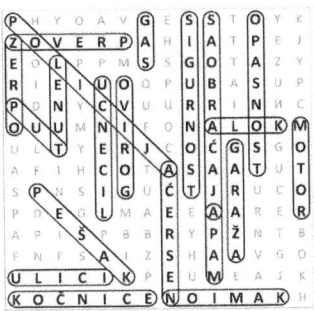

2 - Antiguidades

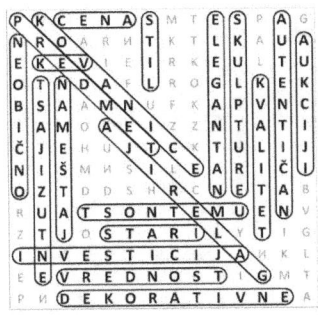

3 - Atividades

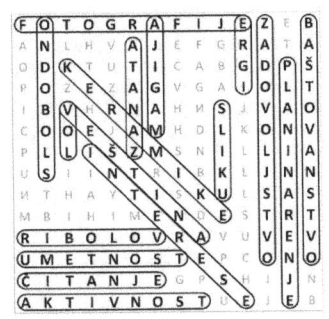

4 - Churrascos

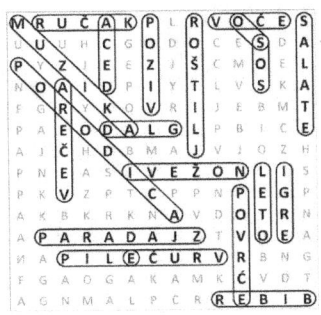

5 - Pesca

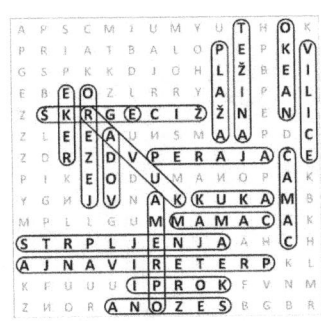

6 - Geologia

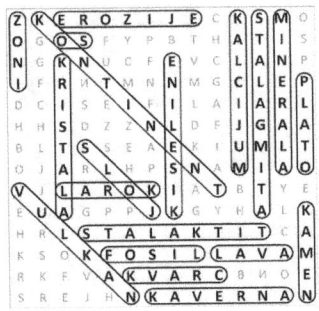

7 - Ética

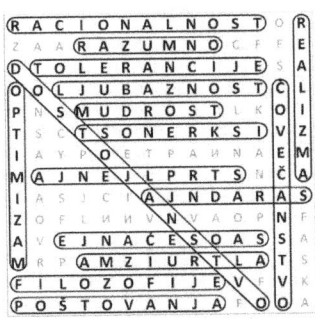

8 - Tempo

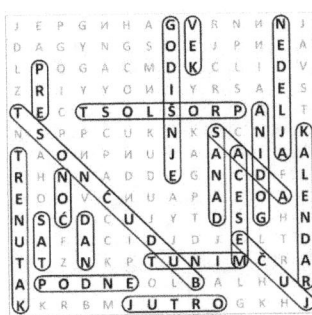

9 - Astronomia

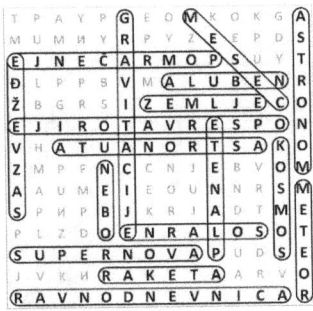

10 - Circo

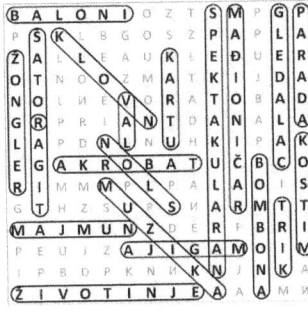

11 - Acampamento

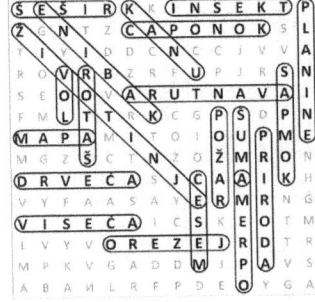

12 - Ficção Científica

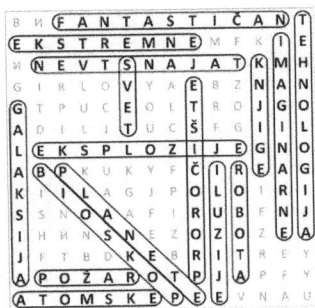

13 - Mitologia

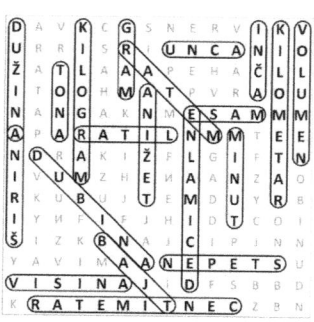

14 - Medições

15 - Álgebra

16 - Plantas

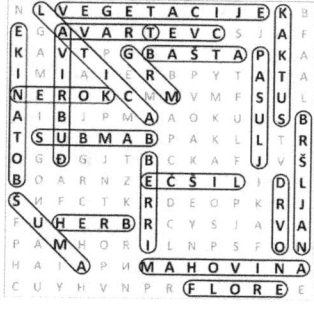

17 - Veículos

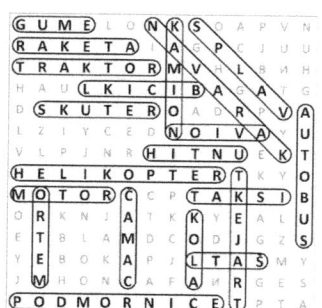

18 - Engenharia

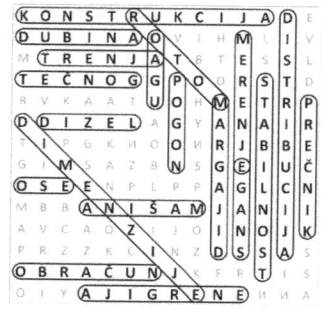

19 - Restaurante # 2

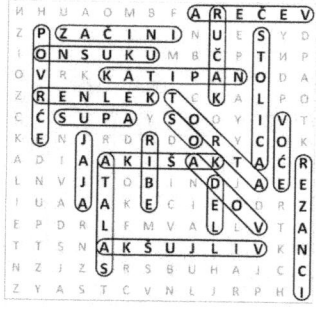

20 - Países #2

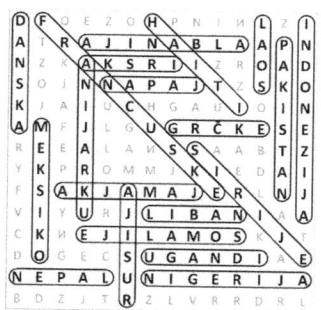

21 - Cozinha

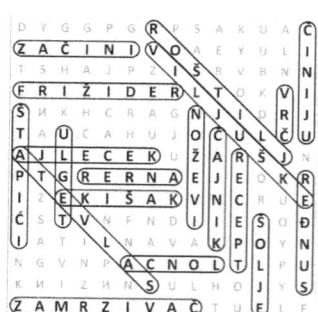

22 - Material de Arte

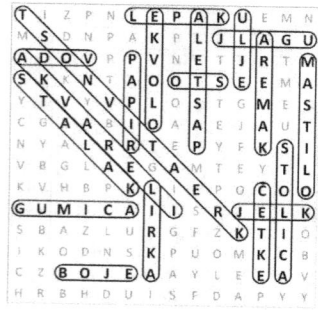

23 - Números

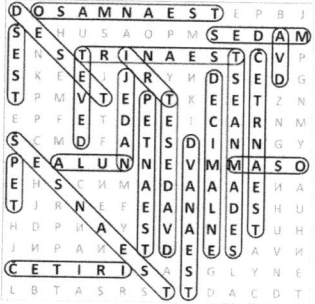

24 - Física

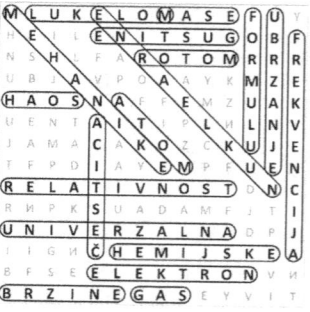

25 - Especiarias

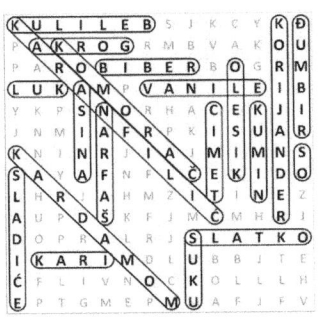

26 - Países #1

27 - A Mídia

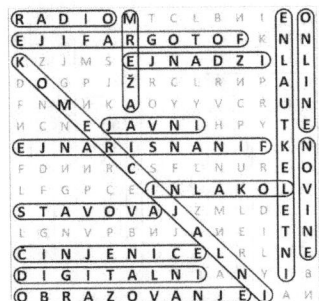

28 - Casa

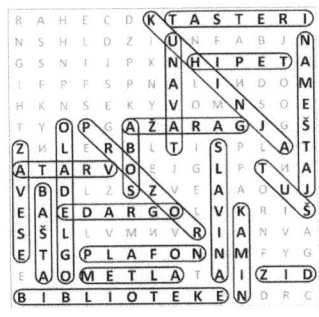

29 - Vegetais

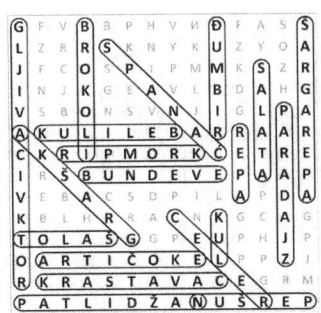

30 - Balé

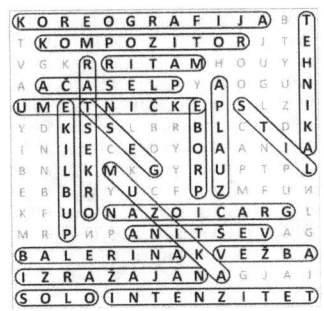

31 - Adjetivos #1

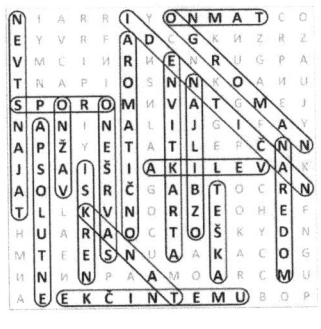

32 - Psicologia

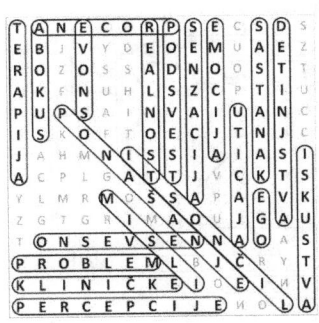

33 - Paisagens

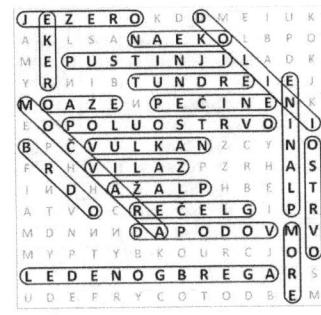

34 - Dança

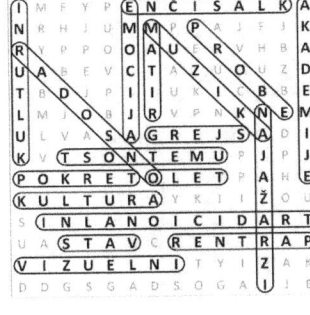

35 - Nutrição

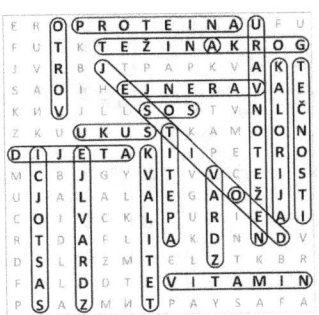

36 - Energia

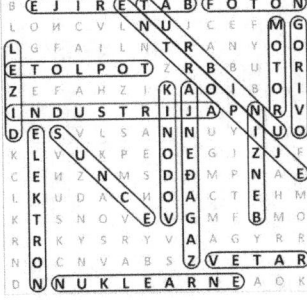

37 - Disciplinas Científicas

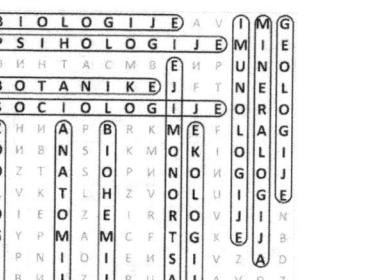

38 - Meditação

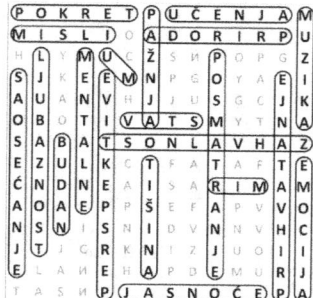

39 - Artes Visuais

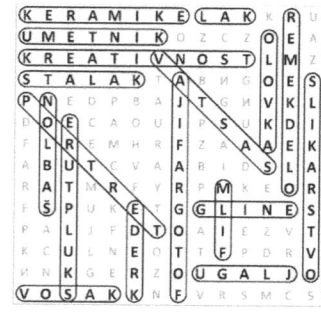

40 - Moda

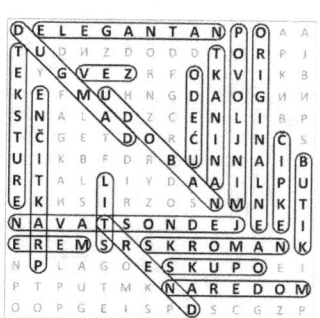

41 - Instrumentos Musicais

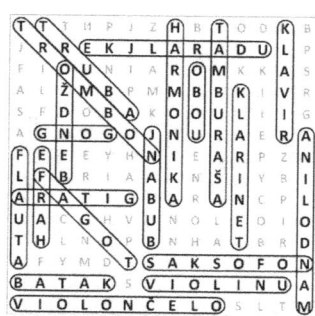

42 - Adjetivos #2

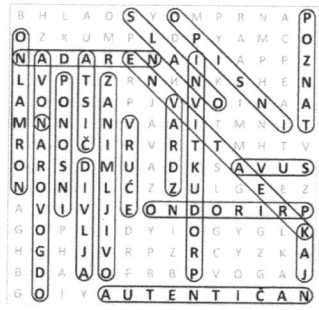

43 - Roupas

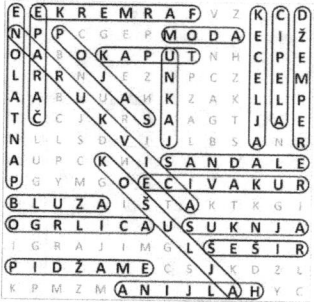

44 - Herbalismo

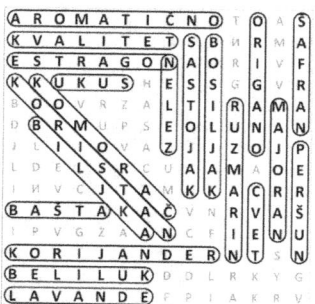

45 - Arqueologia

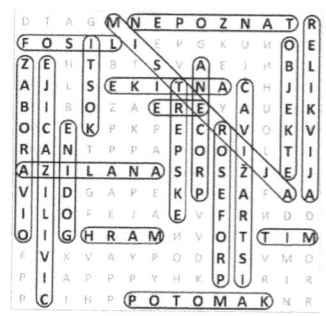

46 - Frutas

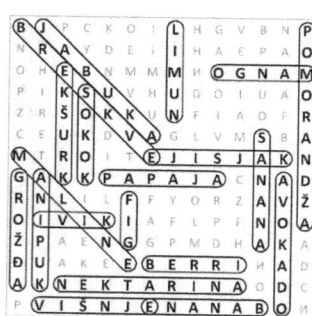

47 - Corpo Humano

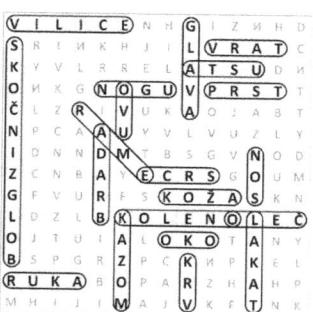

48 - Caminhada

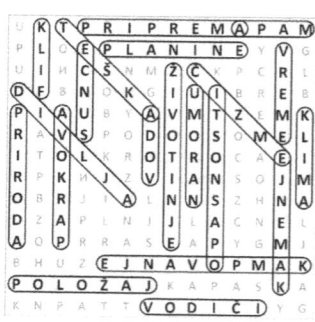

49 - Beleza

50 - Água

51 - Filantropia

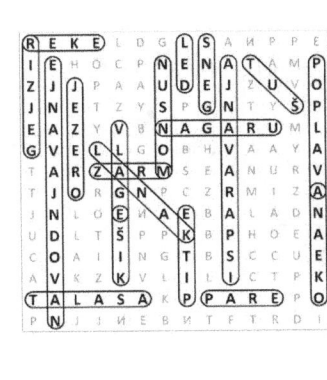
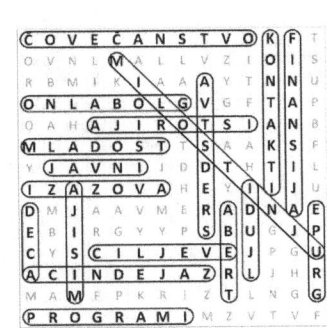
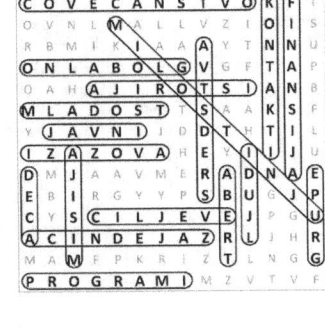

52 - Ecologia

53 - Família

54 - Férias #2

55 - Edifícios

56 - Aventura

57 - Floresta Tropical

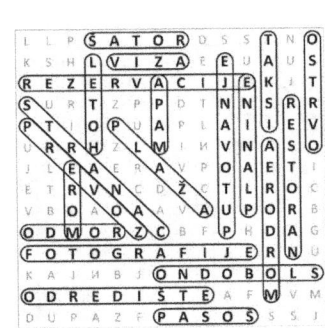
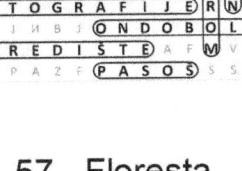
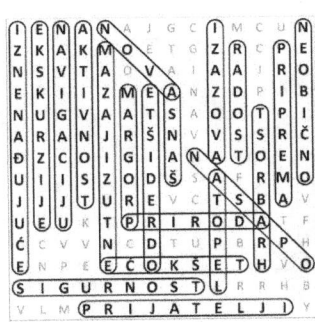
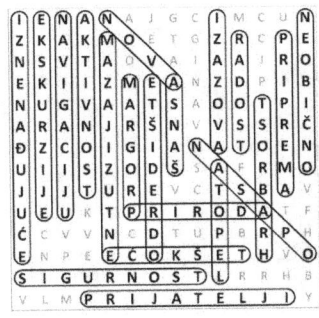
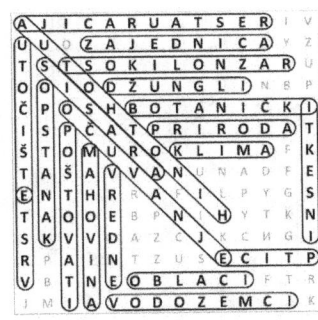

58 - Cidade

59 - Música

60 - Matemática

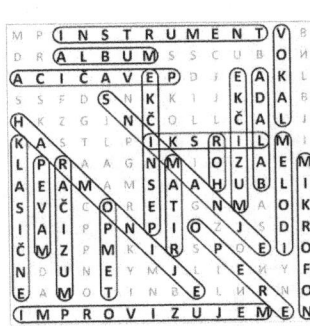
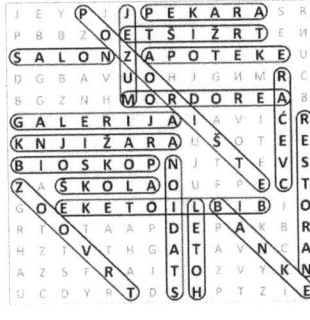
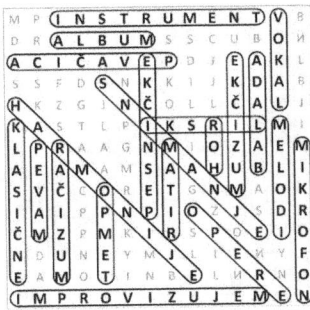

61 - Saúde e Bem Estar #1

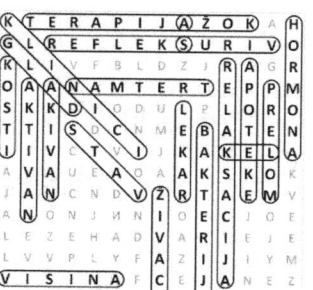

62 - Natureza

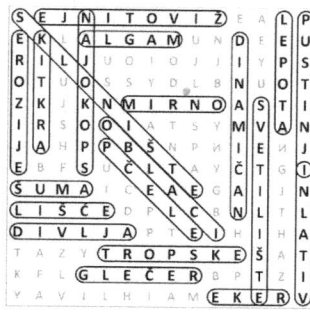

63 - A Empresa

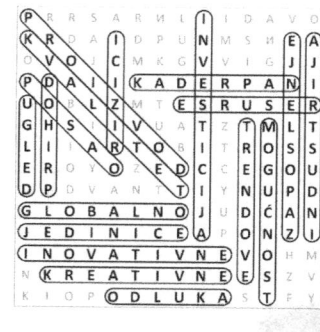

64 - Aviões

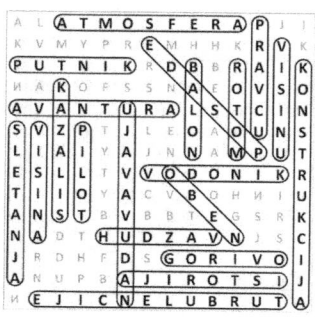

65 - Tipos de Cabelo

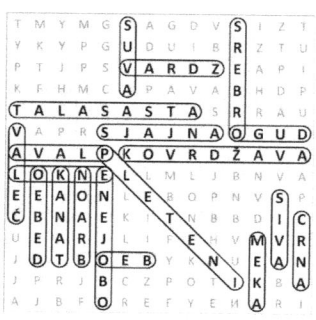

66 - Formas

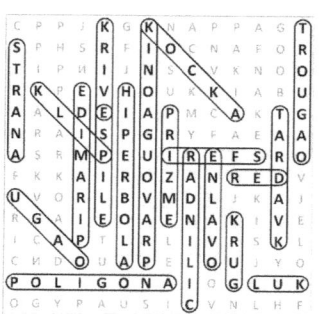

67 - Criatividade

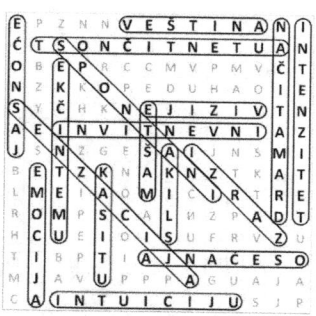

68 - Dias e Meses

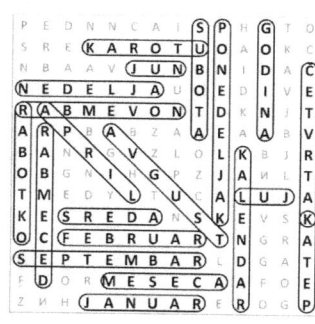

69 - Saúde e Bem Estar #2

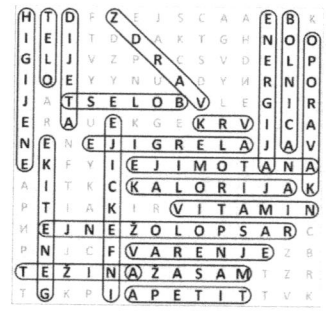

70 - Geografia

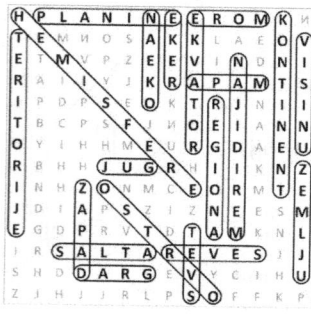

71 - Antártica

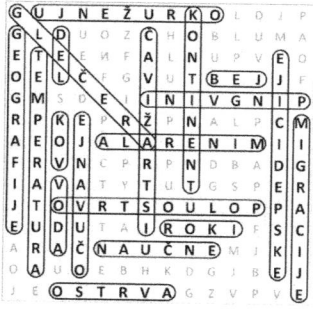

72 - Flores

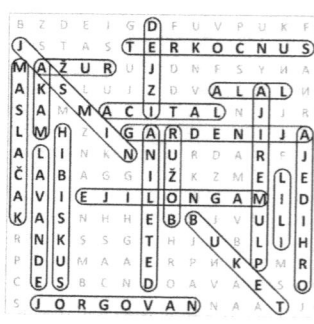

73 - Fazenda #1

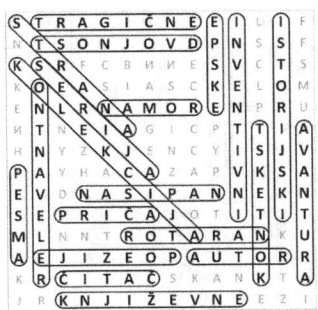

74 - Livros

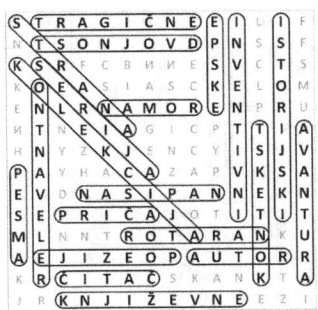

75 - Chocolate

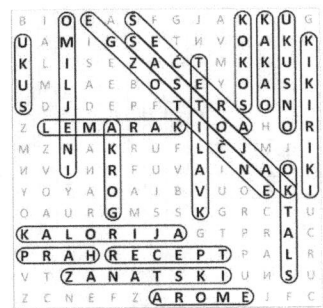

76 - Governo

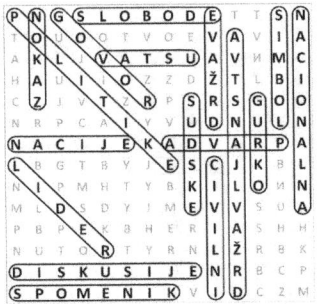

77 - Jardinagem

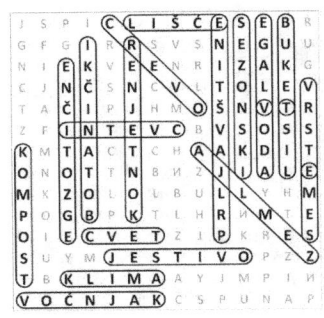

78 - Profissões #2

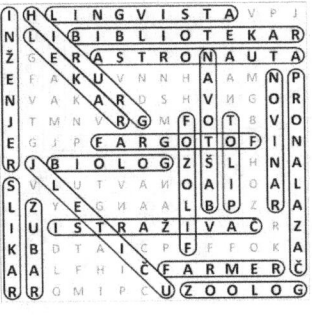

79 - Negócios

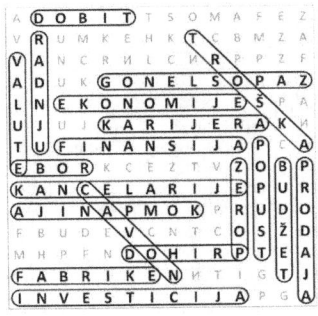

80 - Fazenda #2

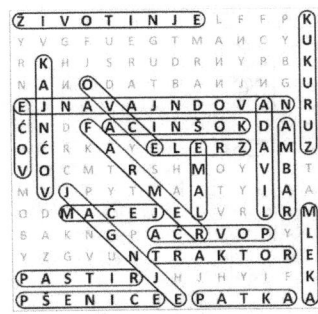

81 - Jardim

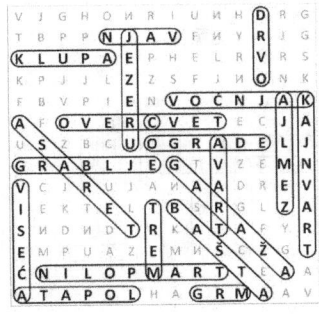

82 - Oceano

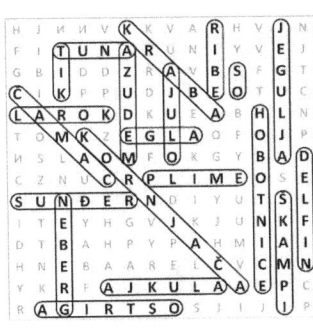

83 - Profissões #1

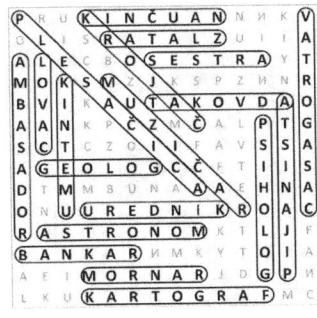

84 - Força e Gravidade

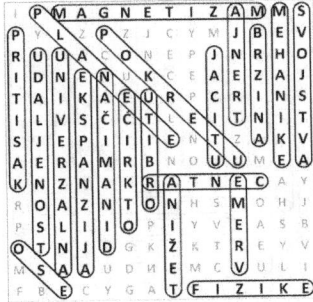

85 - Abelhas

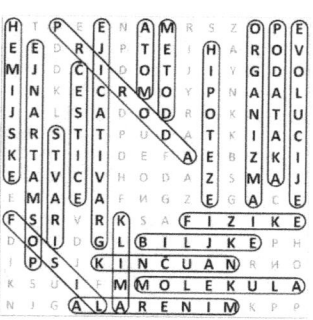

86 - Ciência

87 - Comida #1

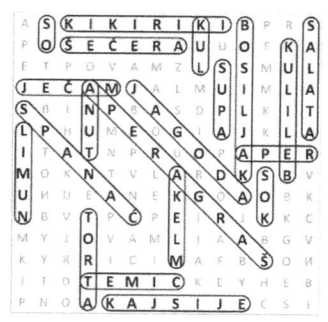

88 - Geometria

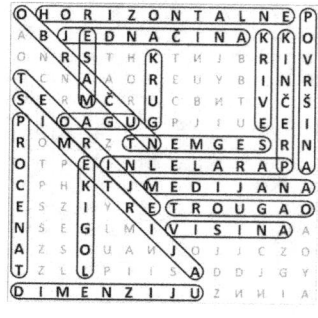

89 - Pássaros

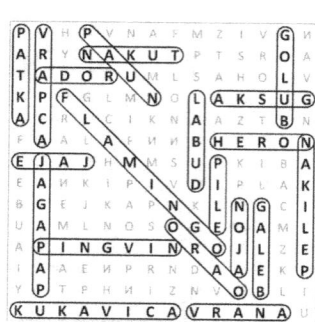

90 - Literatura

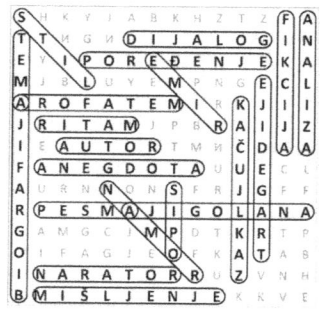

91 - Química

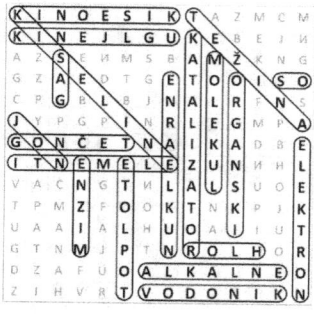

92 - Clima

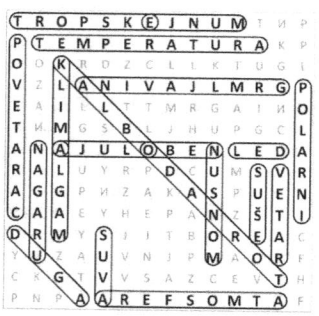

93 - Arte

94 - Diplomacia

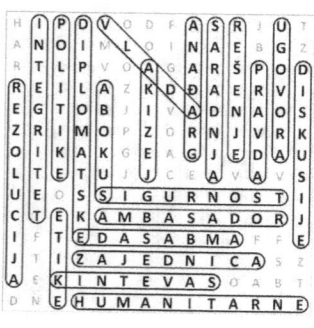

95 - Comida # 2

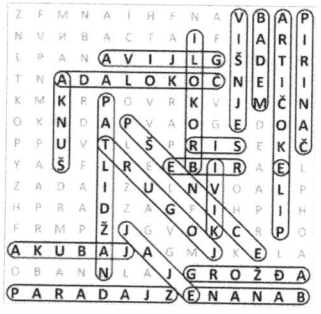

96 - Universo

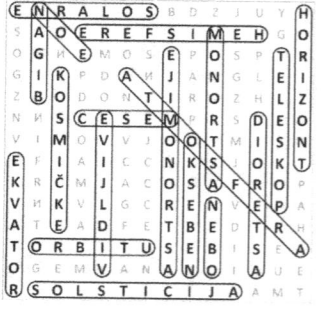

97 - Jazz

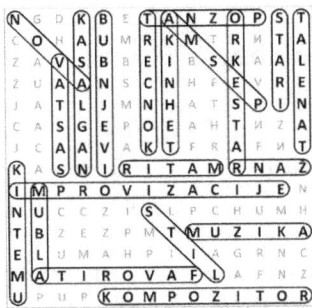

98 - Barcos

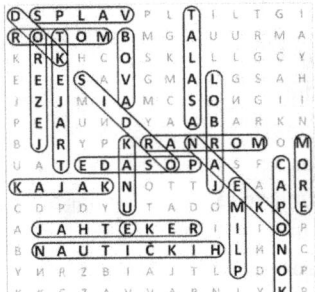

99 - Mamíferos

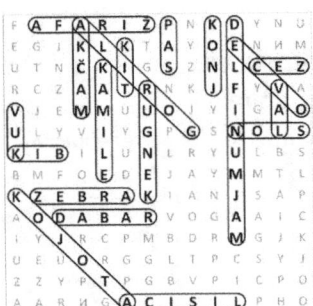

100 - Atividades e Lazer

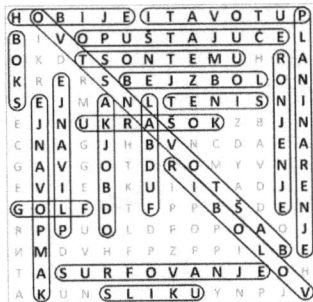

Dicionário

A Empresa
Kompanija

Apresentação	Prezentacija
Criativo	Kreativne
Decisão	Odluka
Emprego	Zaposlenje
Global	Globalno
Indústria	Industrija
Inovador	Inovativne
Investimento	Investicija
Negócio	Posao
Possibilidade	Mogućnost
Produto	Proizvod
Profissional	Profesionalni
Progresso	Napredak
Qualidade	Kvalitet
Receita	Prihod
Recursos	Resurse
Reputação	Ugled
Riscos	Rizici
Tendências	Trendove
Unidades	Jedinice

A Mídia
Mediji

Atitudes	Stavova
Comercial	Komercijalni
Comunicação	Komunikacija
Digital	Digitalni
Edição	Izdanje
Educação	Obrazovanje
Fatos	Činjenice
Financiamento	Finansiranje
Fotos	Fotografije
Individual	Pojedinac
Indústria	Industrija
Intelectual	Intelektualne
Jornais	Novine
Local	Lokalni
Online	Online
Opinião	Mišljenje
Público	Javni
Rádio	Radio
Rede	Mreža
Televisão	Televizija

Abelhas
Pčele

Asas	Krila
Benéfico	Koristan
Cera	Vosak
Colmeia	Košnice
Diversidade	Raznolikost
Ecossistema	Ekosistem
Enxame	Roj
Flor	Cvet
Flores	Cveće
Fruta	Voće
Fumaça	Dim
Habitat	Stanište
Inseto	Insekt
Jardim	Bašta
Mel	Med
Plantas	Biljke
Pólen	Polen
Rainha	Kraljica
Sol	Sunce

Acampamento
Kampovanje

Animais	Životinje
Aventura	Avantura
Árvores	Drveća
Bússola	Kompas
Cabine	Kabine
Caça	Lov
Canoa	Kanu
Chapéu	Šešir
Corda	Konopac
Equipamento	Oprema
Floresta	Šuma
Fogo	Požar
Inseto	Insekt
Lago	Jezero
Lua	Mesec
Maca	Viseća
Mapa	Mapa
Montanha	Planine
Natureza	Priroda
Tenda	Šator

Adjetivos #1
Придеви Бр.

Absoluto	Apsolutne
Aromático	Aromatično
Artístico	Umetničke
Atraente	Atraktivne
Enorme	Ogroman
Escuro	Tamno
Exótico	Egzotične
Fino	Tanak
Generoso	Velikodušan
Grande	Velika
Honesto	Iskren
Idêntico	Identičan
Importante	Važno
Lento	Sporo
Misterioso	Tajanstven
Moderno	Moderan
Perfeito	Savršeno
Pesado	Teška
Sério	Ozbiljan
Valioso	Vredne

Adjetivos #2
Придеви Бр.

Autêntico	Autentičan
Criativo	Kreativne
Descritivo	Opisni
Dotado	Nadaren
Elegante	Elegantan
Famoso	Poznat
Forte	Jak
Interessante	Zanimljivo
Natural	Prirodno
Normal	Normalno
Novo	Nova
Orgulhoso	Ponosni
Produtivo	Produktivni
Puro	Čista
Quente	Vruće
Responsável	Odgovoran
Salgado	Slano
Saudável	Zdrav
Seco	Suva
Selvagem	Divlja

Antártica
Антарктика

Ambiente	Okruženju
Água	Voda
Baía	Bej
Científico	Naučne
Conservação	Očuvanje
Continente	Kontinent
Enseada	Kov
Expedição	Ekspedicije
Geleiras	Glečera
Gelo	Led
Geografia	Geografije
Ilhas	Ostrva
Investigador	Istraživač
Migração	Migracije
Minerais	Minerala
Península	Poluostrvo
Pinguins	Pingvini
Rochoso	Roki
Temperatura	Temperatura
Topografia	Topografije

Antiguidades
Antikviteti

Arte	Umetnost
Autêntico	Autentičan
Decorativo	Dekorativne
Elegante	Elegantan
Entusiasta	Entuzijast
Escultura	Skulpture
Estilo	Stil
Galeria	Galerija
Incomum	Neobično
Investimento	Investicija
Item	Predmet
Leilão	Aukciji
Mobiliário	Nameštaj
Moedas	Kovanice
Preço	Cena
Qualidade	Kvalitet
Restauração	Restauracija
Século	Vek
Valor	Vrednost
Velho	Stari

Arqueologia
Arheologija

Análise	Analiza
Anos	Godine
Antiguidade	Antike
Avaliação	Procena
Civilização	Civilizacije
Descendente	Potomak
Desconhecido	Nepoznat
Equipe	Tim
Era	Ere
Especialista	Ekspert
Esquecido	Zaboravio
Fóssil	Fosil
Investigador	Istraživač
Mistério	Misterija
Objetos	Objekte
Ossos	Kosti
Professor	Profesor
Relíquia	Relikvija
Templo	Hram
Túmulo	Grobnica

Arte
Umetnost

Cerâmica	Keramičke
Complexo	Kompleks
Composição	Sastav
Criar	Stvoriti
Escultura	Skulpture
Expressão	Izraz
Honesto	Iskren
Humor	Raspoloženje
Inspirado	Inspirisan
Original	Originalne
Pessoal	Lični
Pinturas	Slike
Poesia	Poezije
Retratar	Portret
Simples	Jednostavan
Símbolo	Simbol
Sujeito	Tema
Surrealismo	Nadrealizam
Visual	Vizuelni

Artes Visuais
Vizuelne Umetnosti

Argila	Gline
Arquitetura	Arhitektura
Artista	Umetnik
Caneta	Olovka
Carvão	Ugalj
Cavalete	Stalak
Cera	Vosak
Cerâmica	Keramike
Composição	Sastav
Criatividade	Kreativnost
Escultura	Skulpture
Estêncil	Šablon
Filme	Film
Fotografia	Fotografija
Giz	Krede
Obra-Prima	Remek-Delo
Perspectiva	Perspektive
Pintura	Slikarstvo
Retrato	Portret
Verniz	Lak

Astronomia
Astronomija

Asteróide	Asteroid
Astronauta	Astronauta
Astrônomo	Astronom
Céu	Nebo
Constelação	Sazvežđe
Cosmos	Kosmos
Eclipse	Pomračenje
Equinócio	Ravnodnevnica
Foguete	Raketa
Gravidade	Gravitacije
Lua	Mesec
Meteoro	Meteor
Nebulosa	Nebula
Observatório	Opservatorije
Planeta	Planete
Radiação	Zračenja
Solar	Solarne
Supernova	Supernova
Terra	Zemlje
Universo	Svemir

Atividades
Aktivnosti

Arte	Umetnost
Artesanato	Zanata
Atividade	Aktivnost
Caca	Lov
Caminhada	Planinarenje
Cerâmica	Keramike
Fotografia	Fotografije
Habilidade	Veština
Interesses	Interese
Jardinagem	Baštovanstvo
Jogos	Igre
Lazer	Slobodno
Lendo	Čitanje
Magia	Magija
Pesca	Ribolov
Pintura	Sliku
Prazer	Zadovoljstvo
Relaxamento	Relaksacija

Atividades e Lazer
Aktivnosti i Slobodno Vr

Acampamento	Kampovanje
Arte	Umetnost
Basquete	Košarku
Beisebol	Bejzbol
Boxe	Boks
Caminhada	Planinarenje
Futebol	Fudbal
Golfe	Golf
Hobbies	Hobije
Jardinagem	Baštovanstvo
Mergulho	Ronjenje
Natação	Plivanje
Pesca	Ribolov
Pintura	Sliku
Relaxante	Opuštajuće
Surfe	Surfovanje
Tênis	Tenis
Viagem	Putovati
Voleibol	Odbojka

Aventura
Avantura

Alegria	Radost
Amigos	Prijatelji
Atividade	Aktivnost
Beleza	Lepota
Bravura	Hrabrost
Chance	Šansa
Desafios	Izazova
Destino	Odredište
Dificuldade	Teškoće
Entusiasmo	Entuzijazam
Excursão	Ekskurzije
Incomum	Neobično
Itinerário	Program
Natureza	Priroda
Navegação	Navigaciju
Novo	Nova
Perigoso	Opasan
Preparação	Priprema
Segurança	Sigurnost
Surpreendente	Iznenađujuće

Aviões
Avioni

Altitude	Visinu
Altura	Visina
Ar	Vazduh
Aterrissagem	Sletanja
Atmosfera	Atmosfera
Aventura	Avantura
Balão	Balon
Céu	Nebo
Combustível	Gorivo
Construção	Konstrukcija
Descida	Silazak
Direção	Pravcu
Hidrogênio	Vodonik
História	Istorija
Inflar	Naduvavaju
Motor	Motor
Passageiro	Putnik
Piloto	Pilot
Tripulação	Posade
Turbulência	Turbulencije

Água
Voda

Canal	Kanal
Chuva	Kiše
Chuveiro	Tuš
Evaporação	Isparavanja
Furacão	Uragan
Geada	Mraz
Gelo	Led
Geyser	Gejzir
Inundação	Poplava
Irrigação	Navodnjavanje
Lago	Jezero
Monção	Monsun
Neve	Sneg
Oceano	Okeana
Ondas	Talasa
Potável	Pitke
Rio	Reke
Umidade	Vlage
Vapor	Pare

Álgebra
Algebra

Diagrama	Dijagram
Divisão	Odsek
Equação	Jednačina
Expoente	Eksponent
Falso	Lažne
Fator	Faktor
Fórmula	Formulu
Fração	Frakcija
Infinito	Beskrajna
Linear	Linearne
Matriz	Matrica
Número	Broj
Parêntese	Zagrada
Problema	Problem
Quantidade	Količina
Resolver	Reši
Solução	Rešenje
Subtração	Oduzimanje
Variável	Promenljiva
Zero	Nula

Balé
Balet

Aplauso	Aplauz
Artístico	Umetničke
Bailarina	Balerina
Compositor	Kompozitor
Coreografia	Koreografija
Dançarinos	Plesača
Ensaio	Probe
Estilo	Stil
Expressivo	Izražajan
Gesto	Gest
Gracioso	Graciozan
Habilidade	Veština
Intensidade	Intenzitet
Música	Muzika
Orquestra	Orkestar
Prática	Vežba
Público	Publike
Ritmo	Ritam
Solo	Solo
Técnica	Tehnika

Barcos
Brodovi

Âncora	Sidro
Balsa	Trajekt
Bóia	Bova
Caiaque	Kajak
Canoa	Kanu
Corda	Konopac
Doca	Dok
Iate	Jahte
Jangada	Splav
Lago	Jezero
Mar	More
Maré	Plime
Marinheiro	Mornar
Mastro	Jarbol
Motor	Motor
Náutico	Nautičkih
Oceano	Okean
Ondas	Talasa
Rio	Reke
Tripulação	Posade

Beleza
Lepota

Batom	Ruž
Cachos	Lokne
Charme	Šarm
Cor	Boja
Cosméticos	Kozmetika
Elegante	Elegantan
Elegância	Eleganciju
Espelho	Ogledalo
Estilista	Stilista
Fotogênico	Fotogeniиan
Fragrância	Miris
Graça	Grejs
Maquiagem	Šminka
Óleos	Ulja
Pele	Koža
Produtos	Proizvodi
Rímel	Maskara
Serviços	Usluge
Tesoura	Makaze
Xampu	Šampon

Caminhada
Planinarenje

Acampamento	Kampovanje
Animais	Životinje
Água	Voda
Botas	Čizme
Cansado	Umoran
Clima	Klima
Guias	Vodiči
Mapa	Mapa
Montanha	Planine
Natureza	Priroda
Orientação	Položaj
Parques	Parkova
Pedras	Kamenje
Penhasco	Klif
Perigos	Opasnosti
Pesado	Teška
Preparação	Priprema
Selvagem	Divlja
Sol	Sunce
Tempo	Vreme

Casa
Kuća

Biblioteca	Biblioteke
Cerca	Ograde
Chaves	Tasteri
Chuveiro	Tuš
Cortinas	Zavese
Cozinha	Kuhinja
Espelho	Ogledalo
Garagem	Garaža
Janela	Prozor
Jardim	Bašta
Lareira	Kamin
Mobiliário	Nameštaj
Parede	Zid
Porta	Vrata
Quarto	Soba
Sótão	Tavanu
Tapete	Tepih
Teto	Plafon
Torneira	Slavina
Vassoura	Metla

Chocolate
Čokolada

Açúcar	Šećera
Amargo	Gorka
Amendoins	Kikiriki
Antioxidante	Antioksidans
Aroma	Arome
Artesanal	Zanatski
Cacau	Kakao
Calorias	Kalorija
Caramelo	Karamel
Coco	Kokos
Delicioso	Ukusno
Doce	Slatko
Exótico	Egzotične
Favorito	Omiljeni
Gosto	Ukus
Ingrediente	Sastojak
Pó	Prah
Qualidade	Kvalitet
Receita	Recept

Churrascos
Роштиљ

Almoço	Ručak
Convite	Poziv
Crianças	Deca
Facas	Noževi
Família	Porodica
Fome	Glad
Frango	Pile
Fruta	Voće
Grelha	Roštilj
Jantar	Večera
Jogos	Igre
Legumes	Povrće
Molho	Sos
Música	Muzika
Pimenta	Biber
Quente	Vruće
Sal	So
Saladas	Salate
Tomates	Paradajz
Verão	Leto

Cidade
Grad

Aeroporto	Aerodrom
Banco	Banke
Biblioteca	Biblioteke
Cinema	Bioskop
Escola	Škola
Estádio	Stadion
Farmácia	Apoteke
Florista	Cvećar
Galeria	Galerija
Hotel	Hotel
Jardim Zoológico	Zoo Vrt
Livraria	Knjižara
Mercado	Tržište
Museu	Muzej
Padaria	Pekara
Restaurante	Restoran
Salão	Salon
Supermercado	Supermarketa
Teatro	Pozorište
Universidade	Univerzitet

Ciência
Nauka

Átomo	Atom
Cientista	Naučnik
Clima	Klima
Dados	Podataka
Evolução	Evolucije
Fato	Stvari
Física	Fizike
Fóssil	Fosil
Gravidade	Gravitacije
Hipótese	Hipoteze
Laboratório	Laboratorija
Método	Metod
Minerais	Minerala
Moléculas	Molekula
Natureza	Priroda
Observação	Posmatranje
Organismo	Organizma
Partículas	Čestice
Plantas	Biljke
Químico	Hemijske

Circo
Cirkus

Acrobata	Akrobat
Animais	Životinje
Balões	Baloni
Bilhete	Kartu
Desfile	Parada
Doce	Bombona
Elefante	Slon
Espectador	Gledalac
Espetacular	Spektakularan
Leão	Lav
Macaco	Majmun
Magia	Magija
Malabarista	Žongler
Mágico	Mađioničar
Música	Muzika
Palhaço	Klovn
Tenda	Šator
Tigre	Tigar
Traje	Kostim
Truque	Trik

Clima
Vreme

Arco-Íris	Duga
Atmosfera	Atmosfera
Brisa	Povetarac
Céu	Nebo
Clima	Klima
Furacão	Uragan
Gelo	Led
Monção	Monsun
Nevoeiro	Magla
Nuvem	Oblak
Polar	Polarni
Relâmpago	Munje
Seca	Suše
Seco	Suva
Temperatura	Temperatura
Tempestade	Oluja
Tornado	Tornado
Tropical	Tropske
Trovão	Grmljavina
Vento	Vetar

Comida # 2
Храна # 2

Alcachofra	Artičoke
Amêndoa	Badem
Arroz	Pirinač
Banana	Banane
Beringela	Patlidžan
Brócolis	Brokoli
Cereja	Višnje
Chocolate	Čokolada
Cogumelo	Gljiva
Frango	Pile
Iogurte	Jogurt
Kiwi	Kivi
Maçã	Jabuka
Ovo	Jaje
Peixe	Ribe
Presunto	Šunka
Queijo	Sir
Tomate	Paradajz
Trigo	Pšenice
Uva	Grožđa

Comida #1
Храна Бр.

Açúcar	Šećera
Alho	Beli Luk
Amendoim	Kikiriki
Atum	Tuna
Bolo	Torta
Canela	Cimet
Cebola	Luk
Cenoura	Šargarepa
Cevada	Ječam
Damasco	Kajsije
Espinafre	Spanać
Leite	Mleka
Limão	Limun
Manjericão	Bosiljak
Morango	Jagoda
Nabo	Repa
Sal	So
Salada	Salata
Sopa	Supa
Suco	Sok

Corpo Humano
Ljudsko Telo

Boca	Usta
Cabeça	Glava
Cérebro	Mozak
Coração	Srce
Cotovelo	Lakat
Dedo	Prst
Joelho	Koleno
Mandíbula	Vilice
Mão	Ruka
Nariz	Nos
Olho	Oko
Ombro	Rame
Orelha	Uvo
Pele	Koža
Perna	Nogu
Pescoço	Vrat
Queixo	Brada
Sangue	Krv
Testa	Čelo
Tornozelo	Skočni Zglob

Cozinha
Kuhinja

Avental	Kecelja
Chaleira	Čajnik
Colheres	Kašike
Concha	Lonca
Cups	Šolje
Especiarias	Začini
Esponja	Sunđer
Facas	Noževi
Forno	Rerna
Freezer	Zamrzivač
Garfos	Viljuške
Geladeira	Frižider
Grelha	Roštilj
Guardanapo	Salveta
Jar	Teglu
Jarro	Vrč
Pauzinhos	Štapići
Receita	Recept
Tigela	Činiju

Criatividade
Kreativnost

Artístico	Umetničke
Autenticidade	Autentičnost
Clareza	Jasnoće
Dramático	Dramatičan
Emoções	Emocija
Espontânea	Spontani
Expressão	Izraz
Habilidade	Veština
Imagem	Slika
Imaginação	Mašte
Impressão	Utisak
Inspiração	Inspiracija
Intensidade	Intenzitet
Intuição	Intuiciju
Inventivo	Inventivni
Sensação	Senzacija
Sentimentos	Osećanja
Visões	Vizije
Vitalidade	Vitalnost

Dança
Dance

Academia	Akademije
Alegre	Radosno
Arte	Umetnost
Clássico	Klasične
Coreografia	Koreografija
Corpo	Telo
Cultura	Kultura
Cultural	Kulturni
Emoção	Emocija
Ensaio	Probe
Expressivo	Izražajan
Graça	Grejs
Movimento	Pokret
Música	Muzika
Parceiro	Partner
Postura	Stav
Ritmo	Ritam
Tradicional	Tradicionalni
Visual	Vizuelni

Dias e Meses
Dani i Meseci

Abril	April
Agosto	Avgust
Ano	Godina
Calendário	Kalendar
Dezembro	Decembar
Domingo	Subota
Fevereiro	Februar
Janeiro	Januar
Julho	Jul
Junho	Jun
Mês	Meseca
Novembro	Novembar
Outubro	Oktobar
Quarta-Feira	Sreda
Quinta-Feira	Četvrtak
Segunda-Feira	Ponedeljak
Semana	Nedelja
Setembro	Septembar
Sexta-Feira	Petak
Terça	Utorak

Diplomacia
Diplomatija

Cidadãos	Građana
Comunidade	Zajednica
Conflito	Sukoba
Consultor	Savetnik
Cooperação	Saradnja
Diplomático	Diplomatske
Discussão	Diskusije
Embaixada	Ambasade
Embaixador	Ambasador
Ética	Etike
Governo	Vlada
Humanitário	Humanitarne
Integridade	Integritet
Justiça	Pravda
Línguas	Jezika
Política	Politike
Resolução	Rezolucija
Segurança	Sigurnost
Solução	Rešenje
Tratado	Ugovora

Dirigindo
Vožnja

Acidente	Nesreća
Caminhão	Kamion
Carro	Kola
Combustível	Gorivo
Cuidado	Oprez
Estrada	Put
Freios	Kočnice
Garagem	Garaža
Gás	Gas
Licença	Licencu
Mapa	Mapa
Motocicleta	Motor
Pedestre	Pešak
Perigo	Opasnost
Polícia	Policija
Rua	Ulici
Segurança	Sigurnost
Transporte	Prevoz
Tráfego	Saobraćaja
Túnel	Tunel

Disciplinas Científicas
Naučne Discipline

Anatomia	Anatomije
Arqueologia	Arheologije
Astronomia	Astronomije
Biologia	Biologije
Bioquímica	Biohemije
Botânica	Botanike
Cinesiologia	Kineziologije
Ecologia	Ekologije
Fisiologia	Fiziologije
Geologia	Geologije
Imunologia	Imunologije
Linguística	Lingvistike
Meteorologia	Meteorologije
Mineralogia	Mineralogija
Neurologia	Neurologije
Psicologia	Psihologije
Química	Hemije
Sociologia	Sociologije
Termodinâmica	Termodinamike
Zoologia	Zoologije

Ecologia
Ekologija

Clima	Klima
Comunidades	Zajednice
Diversidade	Raznolikost
Fauna	Faune
Flora	Flore
Global	Globalno
Habitat	Stanište
Marinho	Morskih
Montanhas	Planine
Natural	Prirodno
Natureza	Priroda
Pântano	Močvara
Plantas	Biljke
Recursos	Resurse
Seca	Suše
Sobrevivência	Opstanak
Sustentável	Održiv
Variedade	Različite
Vegetação	Vegetacije
Voluntários	Volontera

Edifícios
Zgrade

Apartamento	Stan
Castelo	Zamak
Celeiro	Ambar
Cinema	Bioskop
Embaixada	Ambasade
Escola	Škola
Estádio	Stadion
Fazenda	Farmi
Fábrica	Fabrike
Garagem	Garaža
Hospital	Bolnica
Hotel	Hotel
Laboratório	Laboratorija
Museu	Muzej
Observatório	Opservatorije
Supermercado	Supermarketa
Teatro	Pozorište
Tenda	Šator
Torre	Kula
Universidade	Univerzitet

Energia
Energija

Ambiente	Okruženju
Bateria	Baterije
Calor	Toplote
Carbono	Ugljenik
Combustível	Gorivo
Diesel	Dizel
Elétrico	Električni
Elétron	Elektron
Entropia	Entropije
Fóton	Foton
Gasolina	Benzin
Hidrogênio	Vodonik
Indústria	Industrija
Motor	Motor
Nuclear	Nuklearne
Poluição	Zagađenja
Renovável	Obnovljive
Sol	Sunce
Turbina	Turbinu
Vento	Vetar

Engenharia
Инжењерска Уметност

Atrito	Trenja
Ângulo	Ugao
Cálculo	Obračun
Construção	Konstrukcija
Diagrama	Dijagram
Diâmetro	Prečnik
Diesel	Dizel
Dimensões	Dimenzije
Distribuição	Distribucija
Eixo	Ose
Energia	Energija
Estabilidade	Stabilnost
Estrutura	Struktura
Força	Snage
Líquido	Tečnog
Máquina	Mašina
Medição	Merenje
Motor	Motor
Profundidade	Dubina
Propulsão	Pogon

Especiarias
Začini

Açafrão	Šafran
Alcaçuz	Sladiće
Alho	Beli Luk
Amargo	Gorka
Anis	Anisa
Azedo	Kiselo
Baunilha	Vanile
Canela	Cimet
Cardamomo	Kardamom
Caril	Kari
Cebola	Luk
Coentro	Korijander
Cominho	Kumin
Cravo	Karanfilić
Doce	Slatko
Funcho	Komorač
Gengibre	Đumbir
Pimenta	Biber
Sabor	Ukus
Sal	So

Ética
Etika

Altruísmo	Altruizma
Bondade	Ljubaznost
Compaixão	Saosećanje
Cooperação	Saradnja
Dignidade	Dostojanstvo
Diplomático	Diplomatske
Filosofia	Filozofije
Honestidade	Iskrenost
Humanidade	Čovečanstvo
Integridade	Integritet
Otimismo	Optimizam
Paciência	Strpljenja
Racionalidade	Racionalnost
Razoável	Razumno
Realismo	Realizma
Respeitoso	Poštovanja
Sabedoria	Mudrost
Tolerância	Tolerancije
Valores	Vrednosti

Família
Porodica

Antepassado	Predak
Avó	Baka
Criança	Dete
Crianças	Deca
Esposa	Supruga
Filha	Ćerka
Infância	Detinjstva
Irmã	Sestra
Irmão	Brat
Marido	Muž
Materno	Majčinske
Mãe	Majka
Neto	Unuk
Pai	Otac
Paterno	Očinske
Primo	Rođak
Sobrinha	Nećakinja
Sobrinho	Nećak
Tia	Tetka
Tio	Ujak

Fazenda #1
Фарма Бр.

Abelha	Pčela
Agricultura	Poljoprivrede
Arroz	Pirinač
Água	Voda
Bezerro	Tele
Burro	Magarac
Cabra	Koza
Campo	Polje
Cavalo	Konj
Cão	Pas
Cerca	Ograde
Corvo	Vrana
Feno	Seno
Fertilizante	Đubriva
Frango	Pile
Gato	Mačka
Mel	Med
Porco	Svinja
Rebanho	Jato
Vaca	Krava

Fazenda #2
Фарма # 2

Agricultor	Farmer
Animais	Životinje
Celeiro	Ambar
Cevada	Ječam
Colmeia	Košnica
Cordeiro	Jagnje
Fruta	Voće
Irrigação	Navodnjavanje
Leite	Mleka
Lhama	Lame
Maduro	Zrele
Milho	Kukuruz
Ovelha	Ovce
Pastor	Pastir
Pato	Patka
Pomar	Voćnjak
Prado	Livada
Trator	Traktor
Trigo	Pšenice
Vegetal	Povrća

Férias #2
Одмор # 2

Aeroporto	Aerodrom
Destino	Odredište
Estrangeiro	Stranac
Feriado	Odmor
Fotos	Fotografije
Hotel	Hotel
Ilha	Ostrvo
Lazer	Slobodno
Mapa	Mapa
Mar	More
Montanhas	Planine
Passaporte	Pasoš
Praia	Plaža
Reservas	Rezervacije
Restaurante	Restoran
Táxi	Taksi
Tenda	Šator
Transporte	Prevoz
Viagem	Putovanje
Visto	Viza

Ficção Científica
Naučna Fantastika

Atómico	Atomske
Cinema	Bioskop
Distante	Dalekoj
Distopia	Distopija
Explosão	Eksplozije
Extremo	Ekstremne
Fantástico	Fantastičan
Fogo	Požar
Futurista	Futuristički
Galáxia	Galaksija
Ilusão	Iluzije
Imaginário	Imaginarne
Livros	Knjige
Misterioso	Tajanstven
Mundo	Svet
Oráculo	Proročište
Planeta	Planete
Robôs	Robota
Tecnologia	Tehnologija
Utopia	Utopije

Filantropia
Добротворна Организација

Caridade	Milostinju
Comunidade	Zajednica
Contatos	Kontakti
Crianças	Deca
Desafios	Izazova
Finança	Finansija
Fundos	Sredstva
Generosidade	Velikodušnost
Global	Globalno
Grupos	Grupe
História	Istorija
Honestidade	Iskrenost
Humanidade	Čovečanstvo
Juventude	Mladost
Missão	Misija
Necessidade	Treba
Objetivos	Ciljeve
Pessoas	Ljudi
Programas	Programi
Público	Javni

Física
Fizika

Aceleração	Ubrzanje
Átomo	Atom
Caos	Haos
Densidade	Gustine
Elétron	Elektron
Fórmula	Formulu
Frequência	Frekvencija
Gás	Gas
Gravidade	Gravitacije
Magnetismo	Magnetizam
Massa	Mase
Mecânica	Mehanike
Molécula	Molekul
Motor	Motor
Nuclear	Nuklearne
Partícula	Čestica
Químico	Hemijske
Relatividade	Relativnost
Universal	Univerzalna
Velocidade	Brzine

Flores
Cveće

Buquê	Buket
Dente-De-Leão	Maslačak
Gardênia	Gardenija
Girassol	Suncokret
Hibisco	Hibiskus
Jasmim	Jasmin
Lavanda	Lavande
Lilás	Jorgovan
Lírio	Lili
Magnólia	Magnolije
Margarida	Dejzi
Orquídea	Orhideja
Papoula	Maka
Peônia	Božur
Pétala	Latica
Plumeria	Plumerija
Rosa	Ruža
Trevo	Detelina
Tulipa	Lala

Floresta Tropical
Rainforest

Anfíbios	Vodozemci
Botânico	Botanički
Clima	Klima
Comunidade	Zajednica
Diversidade	Raznolikost
Espécies	Vrste
Indígena	Autohtonih
Insetos	Insekti
Mamíferos	Sisara
Musgo	Mahovina
Natureza	Priroda
Nuvens	Oblaci
Pássaros	Ptice
Preservação	Očuvanje
Refúgio	Utočište
Respeito	Poštovati
Restauração	Restauracija
Selva	Džungli
Sobrevivência	Opstanak
Valioso	Vredne

Força e Gravidade
Sila i Gravitacija

Atrito	Trenja
Centro	Centar
Descoberta	Otkriće
Dinâmico	Dinamičan
Distância	Udaljenost
Eixo	Ose
Expansão	Ekspanzija
Física	Fizike
Impacto	Uticaj
Magnetismo	Magnetizam
Mecânica	Mehanike
Movimento	Pokretu
Órbita	Orbitu
Peso	Težina
Planetas	Planete
Pressão	Pritisak
Propriedades	Svojstva
Rapidez	Brzina
Tempo	Vreme
Universal	Univerzalna

Formas
Oblici

Arco	Luk
Canto	Ugao
Cilindro	Cilindar
Círculo	Krug
Cone	Klip
Cubo	Kocka
Curva	Krive
Elipse	Elipse
Esfera	Sferi
Hipérbole	Hiperbola
Lado	Strana
Linha	Red
Oval	Ovalne
Pirâmide	Piramide
Polígono	Poligona
Prisma	Prizme
Quadrado	Kvadrat
Retângulo	Pravougaonik
Triângulo	Trougao

Frutas
Voće

Abacate	Avokado
Abacaxi	Ananas
Amora	Kupina
Baga	Berri
Banana	Banane
Cereja	Višnje
Coco	Kokos
Damasco	Kajsije
Figo	Fig
Framboesa	Maline
Kiwi	Kivi
Laranja	Pomorandža
Limão	Limun
Maçã	Jabuka
Mamão	Papaja
Manga	Mango
Nectarina	Nektarina
Pera	Kruške
Pêssego	Breskve
Uva	Grožđa

Geografia
Geografija

Altitude	Visinu
Atlas	Atlas
Cidade	Grad
Continente	Kontinent
Equador	Ekvator
Hemisfério	Hemisfere
Ilha	Ostrvo
Mapa	Mapa
Mar	More
Meridiano	Meridijan
Montanha	Planine
Mundo	Svet
Norte	Sever
Oceano	Okean
Oeste	Zapad
País	Zemlju
Região	Regiona
Rio	Reke
Sul	Jug
Território	Teritorije

Geologia
Geologija

Ácido	Kiseline
Camada	Sloj
Caverna	Kaverna
Cálcio	Kalcijum
Continente	Kontinent
Coral	Koral
Cristais	Kristala
Erosão	Erozije
Estalactite	Stalaktit
Estalagmites	Stalagmita
Fóssil	Fosil
Lava	Lava
Minerais	Minerala
Pedra	Kamen
Platô	Plato
Quartzo	Kvarc
Sal	So
Terremoto	Zemljotres
Vulcão	Vulkan
Zona	Zoni

Geometria
Geometrija

Altura	Visina
Ângulo	Ugao
Cálculo	Obračun
Círculo	Krug
Curva	Krive
Diâmetro	Prečnik
Dimensão	Dimenziju
Equação	Jednačina
Horizontal	Horizontalne
Lógica	Logike
Massa	Mase
Mediana	Medijana
Paralelo	Paralelni
Proporção	Procenat
Segmento	Segment
Simetria	Simetrija
Superfície	Površina
Teoria	Teorije
Triângulo	Trougao
Vertical	Vertikalne

Governo
Vlade

Cidadania	Državljanstva
Civil	Civilni
Constituição	Ustav
Democracia	Demokratije
Discurso	Govor
Discussão	Diskusije
Distrito	Okrug
Estado	Države
Igualdade	Jednakost
Independência	Nezavisnost
Judicial	Sudske
Justiça	Pravda
Lei	Zakon
Liberdade	Slobode
Líder	Lider
Monumento	Spomenik
Nacional	Nacionalna
Nação	Nacije
Política	Politike
Símbolo	Simbol

Herbalismo
Herbalizam

Açafrão	Šafran
Alecrim	Ruzmarin
Alho	Beli Luk
Aromático	Aromatično
Benéfico	Koristan
Coentro	Korijander
Estragão	Estragon
Flor	Cvet
Funcho	Komorač
Ingrediente	Sastojak
Jardim	Bašta
Lavanda	Lavande
Manjericão	Bosiljak
Manjerona	Majoran
Orégano	Origano
Planta	Biljka
Qualidade	Kvalitet
Sabor	Ukus
Salsa	Peršun
Verde	Zelen

Instrumentos Musicais
Muzički Instrumenti

Bandolim	Mandolina
Banjo	Bendžo
Baquetas	Batak
Clarinete	Klarinet
Fagote	Fagot
Flauta	Flauta
Gaita	Harmonika
Gongo	Gong
Harpa	Harfe
Oboé	Obou
Pandeiro	Tamburaša
Percussão	Udaraljke
Piano	Klavir
Saxofone	Saksofon
Tambor	Bubanj
Trombone	Trombon
Trompete	Truba
Violão	Gitara
Violino	Violinu
Violoncelo	Violončelo

Jardim
Гарден

Ancinho	Grablje
Arbusto	Grm
Árvore	Drvo
Banco	Klupa
Cerca	Ograde
Flor	Cvet
Garagem	Garaža
Grama	Trava
Gramado	Travnjak
Jardim	Bašta
Lagoa	Jezeru
Maca	Viseća
Mangueira	Crevo
Pá	Lopata
Pomar	Voćnjak
Solo	Zemlja
Terraço	Terasa
Trampolim	Trampolin
Varanda	Trem
Videira	Vajn

Jardinagem
Baštovanstvo

Água	Voda
Botânico	Botanički
Buquê	Buket
Clima	Klima
Comestível	Jestivo
Composto	Kompost
Espécies	Vrste
Exótico	Egzotične
Flor	Cvet
Floral	Cvetni
Folha	List
Folhagem	Lišće
Mangueira	Crevo
Pomar	Voćnjak
Recipiente	Kontejner
Sazonal	Sezonski
Sementes	Seme
Solo	Zemlja
Sujeira	Prljavštine
Umidade	Vlage

Jazz
Džez

Artista	Umetnik
Álbum	Album
Bateria	Bubnjevi
Canção	Pesma
Composição	Sastav
Compositor	Kompozitor
Concerto	Koncert
Estilo	Stil
Ênfase	Naglasak
Famoso	Poznat
Favoritos	Favorita
Gênero	Žanr
Improvisação	Improvizacije
Música	Muzika
Novo	Nova
Orquestra	Orkestar
Ritmo	Ritam
Talento	Talenat
Técnica	Tehnika
Velho	Stari

Literatura
Književnost

Analogia	Analogija
Análise	Analiza
Anedota	Anegdota
Autor	Autor
Biografia	Biografija
Comparação	Poređenje
Conclusão	Zaključak
Descrição	Opis
Diálogo	Dijalog
Estilo	Stil
Ficção	Fikcija
Metáfora	Metafora
Narrador	Narator
Opinião	Mišljenje
Poema	Pesma
Rima	Rime
Ritmo	Ritam
Romance	Roman
Tema	Tema
Tragédia	Tragedije

Livros
Knjige

Autor	Autor
Aventura	Avantura
Coleção	Kolekcija
Contexto	Kontekst
Dualidade	Dvojnost
Escrito	Napisan
Épico	Epske
História	Priča
Histórico	Istorijski
Inventivo	Inventivni
Leitor	Čitač
Literário	Književne
Narrador	Narator
Página	Strana
Poema	Pesma
Poesia	Poezije
Relevante	Relevantno
Romance	Roman
Série	Serija
Trágico	Tragične

Mamíferos
Sisari

Baleia	Kit
Camelo	Kamile
Canguru	Kengur
Castor	Dabar
Cavalo	Konj
Cão	Pas
Coelho	Zec
Coiote	Kojota
Elefante	Slon
Gato	Mačka
Girafa	Žirafa
Golfinho	Delfin
Gorila	Gorila
Leão	Lav
Lobo	Vuk
Macaco	Majmun
Ovelha	Ovce
Raposa	Lisica
Touro	Bik
Zebra	Zebra

Matemática
Matematike

Aritmética	Aritmetika
Ângulos	Uglova
Circunferência	Obim
Decimal	Decimalne
Diâmetro	Prečnik
Equação	Jednačina
Expoente	Eksponent
Fração	Frakcija
Geometria	Geometrije
Paralelo	Paralelni
Paralelogramo	Paralelogram
Perímetro	Perimetar
Perpendicular	Upravno
Polígono	Poligona
Quadrado	Kvadrat
Raio	Radijus
Retângulo	Pravougaonik
Simetria	Simetrija
Triângulo	Trougao
Volume	Volumen

Material de Arte
Umetnički Pribor

Acrílico	Akril
Apagador	Gumica
Aquarelas	Akvareli
Argila	Klej
Água	Voda
Cadeira	Stolica
Carvão	Ugalj
Cavalete	Stalak
Câmera	Kamera
Cola	Lepak
Cores	Boje
Criatividade	Kreativnost
Escovas	Četke
Lápis	Olovke
Mesa	Sto
Óleo	Ulje
Papel	Papir
Pastels	Pastela
Tinta	Mastilo

Medições
Меасуремeнтс

Altura	Visina
Byte	Bajt
Centímetro	Centimetar
Comprimento	Dužina
Decimal	Decimalne
Grama	Gram
Grau	Stepen
Largura	Širina
Litro	Litar
Massa	Mase
Metro	Metar
Minuto	Minut
Onça	Unca
Peso	Težina
Polegada	Inča
Profundidade	Dubina
Quilograma	Kilogram
Quilômetro	Kilometar
Tonelada	Tona
Volume	Volumen

Meditação
Meditacija

Aceitação	Prihvatanje
Acordado	Budan
Atenção	Pažnja
Bondade	Ljubaznost
Clareza	Jasnoće
Compaixão	Saosećanje
Emoções	Emocija
Ensinamentos	Učenja
Gratidão	Zahvalnost
Mental	Mentalne
Mente	Um
Movimento	Pokret
Música	Muzika
Natureza	Priroda
Observação	Posmatranje
Paz	Mir
Pensamentos	Misli
Perspectiva	Perspektive
Postura	Stav
Silêncio	Tišina

Mitologia
Mitologija

Arquétipo	Arhetip
Ciúmes	Ljubomore
Comportamento	Ponašanje
Criação	Stvaranje
Criatura	Stvorenje
Cultura	Kultura
Desastre	Katastrofe
Força	Snage
Guerreiro	Ratnik
Heroína	Heroina
Herói	Heroj
Imortalidade	Besmrtnost
Labirinto	Lavirint
Lenda	Legenda
Mágico	Magične
Monstro	Čudovište
Mortal	Smrtni
Relâmpago	Munje
Trovão	Grmljavina
Vingança	Osveta

Moda
Moda

Acessível	Povoljnim
Bordado	Vez
Botões	Dugmad
Boutique	Butik
Caro	Skupo
Confortável	Udoban
Elegante	Elegantan
Estilo	Stil
Medidas	Mere
Minimalista	Minimalista
Moderno	Moderan
Modesto	Skroman
Original	Originalne
Prático	Praktične
Renda	Čipke
Roupa	Odeću
Simples	Jednostavan
Tecido	Tkanina
Tendência	Trend
Textura	Teksture

Música
Muzika

Álbum	Album
Balada	Balada
Cantar	Pevam
Cantor	Pevačica
Clássico	Klasične
Coro	Hor
Gravação	Snimanje
Harmonia	Harmonije
Improvisar	Improvizujem
Instrumento	Instrument
Lírico	Lirski
Melodia	Melodi
Microfone	Mikrofon
Musical	Muzičke
Músico	Muzičar
Ópera	Opere
Poético	Pesničke
Ritmo	Ritam
Tempo	Tempo
Vocal	Vokal

Natureza
Priroda

Abelhas	Pčele
Abrigo	Sklonište
Animais	Životinje
Ártico	Arktik
Beleza	Lepota
Deserto	Pustinji
Dinâmico	Dinamičan
Erosão	Erozije
Floresta	Šuma
Folhagem	Lišće
Geleira	Glečer
Nevoeiro	Magla
Nuvens	Oblaci
Pacífico	Mirno
Rio	Reke
Santuário	Svetilište
Selvagem	Divlja
Sereno	Spokojan
Tropical	Tropske
Vital	Vitalni

Negócios
Biznis

Carreira	Karijera
Custo	Troška
Desconto	Popust
Dinheiro	Novac
Economia	Ekonomije
Empregado	Zaposlenog
Empregador	Poslodavca
Empresa	Kompanija
Escritório	Kancelarije
Fábrica	Fabrike
Finança	Finansija
Impostos	Porez
Investimento	Investicija
Loja	Radnju
Lucro	Dobit
Mercadoria	Robe
Moeda	Valute
Orçamento	Budžet
Rendimento	Prihod
Venda	Prodaja

Nutrição
Ishrana

Amargo	Gorka
Apetite	Apetit
Calorias	Kalorija
Comestível	Jestivo
Dieta	Dijeta
Digestão	Varenje
Equilibrado	Uravnotežen
Fermentação	Fermentacije
Ingredientes	Sastojci
Líquidos	Tečnosti
Molho	Sos
Peso	Težina
Porção	Deo
Proteínas	Proteina
Qualidade	Kvalitet
Sabor	Ukus
Saudável	Zdrav
Saúde	Zdravlje
Toxina	Otrov
Vitamina	Vitamin

Números
Brojevi

Cinco	Pet
Decimal	Decimalne
Dez	Deset
Dezesseis	Šesnaest
Dezessete	Sedamnaest
Dezoito	Osamnaest
Dois	Dva
Doze	Dvanaest
Nove	Devet
Oito	Osam
Quatorze	Četrnaest
Quatro	Četiri
Quinze	Petnaest
Seis	Šest
Sete	Sedam
Treze	Trinaest
Três	Tri
Um	Jedan
Vinte	Dvadeset
Zero	Nula

Oceano
Okeana

Alga	Alge
Atum	Tuna
Baleia	Kit
Barco	Čamac
Camarão	Škampi
Caranguejo	Kraba
Coral	Koral
Enguia	Jegulja
Esponja	Sunđer
Golfinho	Delfin
Marés	Plime
Medusa	Meduza
Ostra	Ostriga
Peixe	Ribe
Polvo	Hobotnice
Recife	Greben
Sal	So
Tartaruga	Kornjača
Tempestade	Oluja
Tubarão	Ajkula

Paisagens
Pejzaži

Cascata	Vodopad
Caverna	Pećine
Colina	Brdo
Deserto	Pustinji
Geleira	Glečer
Golfo	Zaliv
Iceberg	Ledenog Brega
Ilha	Ostrvo
Lago	Jezero
Mar	More
Montanha	Planine
Oásis	Oaze
Oceano	Okean
Pântano	Močvara
Península	Poluostrvo
Praia	Plaža
Rio	Reke
Tundra	Tundre
Vale	Dolini
Vulcão	Vulkan

Países #1
Zemlje #1

Alemanha	Nemačka
Brasil	Brazil
Camboja	Kambodže
Canadá	Kanada
Egito	Egipat
Equador	Ekvador
Espanha	Španija
Finlândia	Finska
Iraque	Irak
Israel	Izrael
Itália	Italija
Índia	Indija
Mali	Mali
Marrocos	Maroko
Nicarágua	Nikaragva
Noruega	Norveška
Panamá	Panama
Polônia	Poljska
Senegal	Senegal
Venezuela	Venecuela

Países #2
Zemlje #2

Albânia	Albanija
Dinamarca	Danska
França	Francuske
Grécia	Grčke
Haiti	Haiti
Indonésia	Indonezija
Irlanda	Irska
Jamaica	Jamajka
Japão	Japan
Laos	Laos
Líbano	Liban
México	Meksiko
Nepal	Nepal
Nigéria	Nigerija
Paquistão	Pakistan
Rússia	Rusija
Síria	Sirije
Somália	Somalije
Ucrânia	Ukrajina
Uganda	Ugandi

Pássaros
Ptice

Avestruz	Noja
Águia	Orao
Cegonha	Roda
Cisne	Labud
Corvo	Vrana
Cuco	Kukavica
Flamingo	Flamingo
Frango	Pile
Gaivota	Galeb
Ganso	Guska
Garça	Heron
Ovo	Jaje
Papagaio	Papagaj
Pardal	Vrapca
Pato	Patka
Pavão	Paun
Pelicano	Pelikan
Pinguim	Pingvin
Pombo	Golub
Tucano	Tukan

Pesca
Ribolov

Água	Voda
Barbatanas	Peraja
Barco	Čamac
Brânquias	Škrge
Cesta	Korpi
Cozinhar	Kuvar
Equipamento	Oprema
Exagero	Preterivanja
Fio	Žice
Gancho	Kuka
Isca	Mamac
Lago	Jezero
Mandíbula	Vilice
Oceano	Okean
Paciência	Strpljenja
Peso	Težina
Praia	Plaža
Rio	Reke
Temporada	Sezona

Plantas
Biljke

Arbusto	Grm
Árvore	Drvo
Baga	Berri
Bambu	Bambus
Botânica	Botanike
Cacto	Kaktus
Erva	Herb
Feijão	Pasulj
Fertilizante	Đubriva
Flor	Cvet
Flora	Flore
Floresta	Šuma
Folhagem	Lišće
Grama	Trava
Hera	Bršljan
Jardim	Bašta
Musgo	Mahovina
Pétala	Latica
Raiz	Koren
Vegetação	Vegetacije

Profissões #1
Професије Бр.

Advogado	Advokat
Alfaiate	Krojač
Artista	Umetnik
Astrônomo	Astronom
Banqueiro	Bankar
Bombeiro	Vatrogasac
Caçador	Lovac
Cartógrafo	Kartograf
Cientista	Naučnik
Dançarino	Plesačica
Editor	Urednik
Embaixador	Ambasador
Enfermeira	Sestra
Geólogo	Geolog
Joalheiro	Zlatar
Marinheiro	Mornar
Músico	Muzičar
Pianista	Pijanista
Psicólogo	Psiholog
Veterinário	Veterinar

Profissões #2
Професије Бр.

Agricultor	Farmer
Astronauta	Astronauta
Bibliotecário	Bibliotekar
Biólogo	Biolog
Cirurgião	Hirurg
Dentista	Zubar
Engenheiro	Inženjer
Filósofo	Filozof
Fotógrafo	Fotograf
Ilustrador	Ilustrator
Inventor	Pronalazač
Investigador	Istraživač
Jardineiro	Baštovan
Jornalista	Novinar
Linguista	Lingvista
Médico	Lekar
Piloto	Pilot
Pintor	Slikar
Professor	Učitelj
Zoólogo	Zoolog

Psicologia
Psihologija

Avaliação	Procena
Clínico	Kliničke
Comportamento	Ponašanje
Compromisso	Sastanak
Conflito	Sukoba
Ego	Ego
Emoções	Emocija
Experiências	Iskustva
Inconsciente	Nesvesno
Infância	Detinjstva
Influências	Uticaja
Pensamentos	Misli
Percepção	Percepcije
Personalidade	Ličnosti
Problema	Problem
Realidade	Realnost
Sensação	Senzacija
Sonhos	Snove
Subconsciente	Podsvest
Terapia	Terapija

Química
Hemija

Alcalino	Alkalne
Ácido	Kiseline
Calor	Toplote
Carbono	Ugljenik
Catalisador	Katalizator
Cloro	Hlor
Elementos	Elementi
Elétron	Elektron
Enzima	Enzim
Gás	Gas
Hidrogênio	Vodonik
Íon	Jon
Líquido	Tečnog
Molécula	Molekul
Nuclear	Nuklearne
Orgânico	Organski
Oxigénio	Kiseonik
Peso	Težina
Sal	So
Temperatura	Temperatura

Restaurante # 2
Ресторан № 2

Almoço	Ručak
Água	Voda
Bebida	Napitak
Bolo	Torta
Cadeira	Stolica
Colher	Kašika
Delicioso	Ukusno
Especiarias	Začini
Fruta	Voće
Garçom	Kelner
Garfo	Viljuška
Gelo	Led
Jantar	Večera
Legumes	Povrće
Macarrão	Rezanci
Ovo	Jaja
Peixe	Ribe
Sal	So
Salada	Salata
Sopa	Supa

Roupas
Odeća

Avental	Kecelja
Blusa	Bluza
Calça	Pantalone
Camisa	Košulja
Casaco	Kaput
Chapéu	Šešir
Cinto	Pojas
Colar	Ogrlica
Jaqueta	Jaknu
Jeans	Farmerke
Luvas	Rukavice
Meias	Čarape
Moda	Moda
Pijama	Pidžame
Pulseira	Narukvica
Saia	Suknja
Sandálias	Sandale
Sapato	Cipela
Suéter	Džemper
Vestido	Haljina

Saúde e Bem-Estar #1
Zdravlje i Vellness #1

Altura	Visina
Ativo	Aktivan
Bactérias	Bakterija
Clínica	Klinici
Doutor	Lekar
Farmácia	Apoteke
Fome	Glad
Fratura	Prelom
Hábito	Navika
Hormones	Hormona
Medicina	Lek
Nervos	Živaca
Ossos	Kosti
Pele	Koža
Postura	Stav
Reflexo	Refleks
Relaxamento	Relaksacija
Terapia	Terapija
Tratamento	Tretman
Vírus	Virus

Saúde e Bem-Estar #2
Zdravlje i Vellness #2

Alergia	Alergije
Anatomia	Anatomije
Apetite	Apetit
Caloria	Kalorija
Corpo	Telo
Dieta	Dijeta
Digestão	Varenje
Doença	Bolest
Energia	Energija
Genética	Genetike
Higiene	Higijene
Hospital	Bolnica
Humor	Raspoloženje
Infecção	Infekcije
Massagem	Masaža
Peso	Težina
Recuperação	Oporavak
Sangue	Krv
Saudável	Zdrav
Vitamina	Vitamin

Tempo
Vreme

Agora	Sada
Ano	Godina
Antes	Pre
Anual	Godišnje
Calendário	Kalendar
Década	Decenije
Dia	Dan
Futuro	Budućnost
Hoje	Danas
Hora	Sat
Manhã	Jutro
Meio-Dia	Podne
Mês	Meseca
Minuto	Minut
Momento	Trenutak
Noite	Noć
Ontem	Juče
Passado	Prošlost
Semana	Nedelja
Século	Vek

Tipos de Cabelo
Tipovi Kose

Branco	Beo
Brilhante	Sjajna
Cachos	Lokne
Careca	Ćelav
Cinza	Siva
Colori	Obojene
Encaracolado	Kovrdžava
Fino	Tanak
Grosso	Debeo
Loiro	Plava
Longo	Dugo
Marrom	Braon
Ondulado	Talasasta
Prata	Srebro
Preto	Crna
Saudável	Zdrav
Seco	Suva
Suave	Meka
Trançado	Pleteni
Tranças	Pletenice

Universo
Univerzum

Asteróide	Asteroid
Astronomia	Astronomije
Astrônomo	Astronom
Atmosfera	Atmosfera
Celestial	Nebesko
Céu	Nebo
Cósmico	Kosmičke
Eon	Eon
Equador	Ekvator
Galáxia	Galaksija
Hemisfério	Hemisfere
Horizonte	Horizont
Inclinar	Nagib
Lua	Mesec
Órbita	Orbitu
Solar	Solarne
Solstício	Solsticija
Telescópio	Teleskop
Visível	Vidljive
Zodíaco	Zodijaka

Vegetais
Povrće

Abóbora	Bundeve
Aipo	Celer
Alcachofra	Artičoke
Alho	Beli Luk
Batata	Krompir
Beringela	Patlidžan
Brócolis	Brokoli
Cebola	Luk
Cenoura	Šargarepa
Chalota	Šalot
Cogumelo	Gljiva
Ervilha	Graška
Espinafre	Spanać
Gengibre	Đumbir
Nabo	Repa
Pepino	Krastavac
Rabanete	Rotkvica
Salada	Salata
Salsa	Peršun
Tomate	Paradajz

Veículos
Vozila

Ambulância	Hitnu
Avião	Avion
Balsa	Trajekt
Barco	Čamac
Bicicleta	Bicikl
Caminhão	Kamion
Caravana	Karavan
Carro	Kola
Foguete	Raketa
Helicóptero	Helikopter
Jangada	Splav
Lambreta	Skuter
Metrô	Metro
Motor	Motor
Ônibus	Autobus
Pneus	Gume
Submarino	Podmornice
Táxi	Taksi
Transporte	Šatl
Trator	Traktor

Parabéns

Conseguiu!

Esperamos que tenha gostado tanto deste livro como nós gostamos de o desenhar. Esforçamo-nos por criar livros da mais alta qualidade possível.
Esta edição foi concebida para proporcionar uma aprendizagem inteligente, de qualidade e divertida!

Gostou deste livro?

Um simples pedido

Estes livros existem graças às críticas que publica.
Pode ajudar-nos, deixando agora uma revisão?

Aqui está um pequeno link para
a sua página de revisão:

BestBooksActivity.com/Avaliacoes50

DESAFIO FINAL!

Desafio n° 1

Está pronto para o seu jogo grátis? Usamo-los a toda a hora, mas não são tão fáceis de encontrar - aqui estão os **Sinônimos!**
Escreva 5 palavras que encontrou nos puzzles (n° 21, n° 36, n° 76) e tente encontrar 2 sinónimos para cada palavra.

Escreva 5 palavras de **Puzzle 21**

Palavras	Sinônimo 1	Sinônimo 2

Escreva 5 palavras de **Puzzle 36**

Palavras	Sinônimo 1	Sinônimo 2

Escreva 5 palavras de **Puzzle 76**

Palavras	Sinônimo 1	Sinônimo 2

Desafio n° 2

Agora que já aqueceu, escreva 5 palavras que encontrou nos Puzzles (n° 9, n° 17 e n° 25) e tente encontrar 2 antônimos para cada palavra. Quantos se podem encontrar em 20 minutos?

Escreva 5 palavras de **Puzzle 9**

Palavras	Antônimo 1	Antônimo 2

Escreva 5 palavras de **Puzzle 17**

Palavras	Antônimo 1	Antônimo 2

Escreva 5 palavras de **Puzzle 25**

Palavras	Antônimo 1	Antônimo 2

Desafio n° 3

Óptimo! Este desafio final não é nada para si.

Pronto para o desafio final? Escolha 10 palavras que tenha descoberto nos diferentes puzzles e escreva-as abaixo.

1.	6.
2.	7.
3.	8.
4.	9.
5.	10.

Agora escreva um texto a pensar numa pessoa, num animal ou num lugar de seu agrado.

Pode utilizar a última página deste livro como um rascunho.

A Sua Composição:

CADERNO DE NOTAS:

ATÉ BREVE!

A equipa Inteira

DESCUBRA JOGOS GRATUITOS

GO

↓

BESTACTIVITYBOOKS.COM/FREEGAMES